トンデモ派遣ちゃん はちゃめちゃグランプリ

久保田 長成

目次

トンデモ派遣ちゃん はちゃめちゃグランプリ

1章 派遣社員 編

CASE 1 人は〝見た目〟じゃない でも〝見た目〟も大事 10
CASE 2 どこかで会いませんでしたっけ？ 12
CASE 3 敬語って必要？ 14
CASE 4 時々現れる〝お偉いさん〟 17
CASE 5 〝短気〟は〝損気〟 19

CASE 6 ご近所さんには〝有名人〟 22
CASE 7 何度もブッチする人 25
CASE 8 舞い戻りたい人 27
CASE 9 初日からいなくなるひとたち その1 30
CASE 10 初日からいなくなるひとたち その2 33
CASE 11 初日からいなくなるひとたち その3 36
CASE 12 採用時には印象良かったのに… 39
CASE 13 慣れても油断は禁物 42
CASE 14 いなくなりたいわけじゃないけど 46

CASE 15 ただロッカーが好き…… 49
CASE 16 ランチ・ゲーマー 52
CASE 17 あれほど注意したのに 55
CASE 18 それは犯罪行為です 58
CASE 19 おかしいのはいつも会社です 60
CASE 20 派閥の女王 63
CASE 21 それはストーカーです 67
CASE 22 トレンディードラマ 70
CASE 23 それはパワハラです 72

CASE 24 モンペ登場 75
CASE 25 お父さん、それは脅迫です 79
CASE 26 致さない人 82
CASE 27 不審者かも!? 86
CASE 28 産休ください 89
CASE 29 脅迫のつもりが… 92
CASE 30 なにもしない人 95
CASE 31 辞めたかったんじゃなかったの!? 98
CASE 32 警察のご厄介 102

2章 トンデモ企業 編

CASE 33 会社の基本です 106
CASE 34 治療費は払うから 109
CASE 35 クビになったんじゃなかったの？ 112
CASE 36 この時代、給料手渡し!? 116
CASE 37 〝ただ働き〟も束になると 119
CASE 38 会社の派閥に巻き込まないで 122
CASE 39 何ハラ？ 126

CASE 40 派遣はクレジットカード？ 129
CASE 41 2年前にもありませんでした？ 132
CASE 42 閉店ガラガラ 136
CASE 43 詐欺に巻き込まないで 139
CASE 44 見下す社長 142

ボーナストラック

CASE 1　一緒に働きたい　146
CASE 2　社長のぶん　148
モノローグ　150
あとがき　161

SIDE A

トンデモ
派遣ちゃん

派遣社員　編

CASE 01

人は〝見た目〟じゃない でも〝見た目〟も大事

〝面接〟と聞くと「どんな服装で行けばいいんだろう？」と悩む人もいるかと思います。実際に「アルバイト・面接」や「派遣会社・面接」と検索しようとすると、検索上位に「服装」のワードが現れますから、きっとたくさんの人が面接の前にどんな服装で行けばいいのかを悩んでインターネットで調べているのでしょう。

派遣会社の面接でも、筆記用具や持ってきていただく予定の履歴書はもちろん、荷物をなにひとつ持たずにやって来る人も意外と多くいます。手ぶらに加え、服装はジャージ。靴はサンダルだったりすることもしばしば。まるで近所のコンビニに出かけるような格好⁉ 中には酔っぱらって来る人までいる始末です。

酔っぱらって来るのは問題外として、私の会社に面接に訪れる方々でスーツで来る人はほとんどいません。それでもまだ今の世の中では面接のときの服装は「シンプルで清潔感のあるもの」が基本とされています。具体的な服が浮かばない人もいるとは思いますが、「おとなしめの服装がいいかな」「襟があるシャツがイイかな」「スニーカーはまずいかな」など、〝なんとなく〟でも「この方がいいかな」というイメージが湧く人は多いはずです。

最初は驚いたものの、今ではすっかりラフな格好での訪問に慣れっこになってしまいました。ですが、その話をすると多くの社会人の人に驚かれるのも事実です。採用担当者の約7割が「面接の服装は選考に影響する」とする調査もありますので、なるべく身だしなみには気をつけるのをオススメします。

みなさんも、ボサボサ髪vsスタイリング髪、すっぴんvsメイク顔、写真でも映えるショット……見た目で選んじゃうこと、ありませんか？

ツッコミちゃんのひとこと

CASE 02

どこかで会いませんでしたっけ？

派遣会社には毎日何人、何十人もの人が面接に訪れます。色々な服装、色々な髪型、色々な顔……いろんな個性の、いろんな人がいます。

その日訪れた人は、別にジャージで来たわけでも、金髪で来たわけでもなく、地味な服装に、普通の髪型、きちんとした受け答えの、どこにでもいそうな普通の人でした。

でもどこかで会ったような気がします。

（どこだったかな？）

ずっとそんなことを考えながら面接を済ませて登録の手続きをし、こちらから条件に合った仕事があれば改めて連絡をするので、彼からも折を見て仕事があるかどうかを問い合わせてもらう、ということで、その日その人は帰って行きました。

帰ってからも、どうしてもその人のことが気になりました。
（どこで会ったんだろう？　どこかで見かけた？　それとも誰かに似てるのかな？）
モヤモヤが晴れないまま1週間が過ぎました。私は何気なくその人の職歴をもう一度確認してみることにしました。一流大学を出ているのに職歴欄は空欄になっています。不思議に思った私は試しに彼の名前を検索してみたのですが、そこで長きにわたるモヤモヤの謎は解決しました。

検索でヒットしたその名前――なんとその人は指名手配犯だったのです！　しかしすでに電話は繋がらず、登録された住所ももぬけの殻。派遣会社への彼からの連絡は、その後一度もありませんでした。

ツッコミちゃんのひとこと

CASE 03

敬語って必要？

派遣会社に面接に訪れる人には、敬語を使えない・使わない、いわゆる〝タメ口〟の人もいます。中には「なんか仕事ある？」みたいな感じの人も！

さらに進化すると派遣会社に登録にやって来て「働いてやってもいいけど」と言う人もいます。いきなりの友達言葉や、上から目線の話し方に最初は戸惑いました。

まあ、私たち派遣会社側からすれば、派遣先の企業に印象が良ければいいとは思うのですが……派遣会社の人に敬語を使えない・使わない人が、派遣先企業の人に敬語を使えることはほとんどないと思って間違いないでしょう。せっかくいい人だったとしても、仕事ができる人だったとしても、

（言葉遣《づか》いで損をしちゃって、もったいないなあ）

なんて思うことがたびたびあります。

「他人への敬意」は社会で生きていくためには重要なコミュニケーション要素のひとつです。仕事を紹介する側もされる側も、どちらの立場の人の方が「偉い」ということはありません。派遣社員として働く人は「仕事を紹介してもらう」のですし、仕事を紹介する派遣会社は「派遣先企業で働いてもらう」のです。そこに上下関係はありません。ただ、お互いに「敬意」は必要なんじゃないかな、と思うのです。

そんな「相手への敬意」を表す一番手軽な手段のひとつが「敬語」です。敬語を使うことで、相手があなたに抱く印象は確実に良くなります。

「仕事さえできれば敬語なんて必要ないじゃん」と思う人もいるかもしれませんが、例えばコンビニエンスストアの店員さんがいきなり「タメ口」で「この弁当、あっためる？」と言ったらその店員さんに対してみなさんはどんな感情を抱くでしょうか？

スーパーの店員さんがお会計のときに「会員カードは持ってる？　あ、持ってないんだ？　レジ袋は？　いる？　いらない？」と言ったらどう思うでしょうか？

敬語が使えれば日本のあらゆるシーンで困りませんし、敬語を使えて損をすることはありません。むしろ敬語はあなたを守る武器のひとつになるはずです。

袋いる？

ツッコミちゃんのひとこと

いきなりタメ口？
あなた、
友達でしたっけ？

CASE 04

時々現れる〝お偉いさん〟

私たち派遣会社は、常にさまざまな業種でお仕事をしてくれる人、何かお仕事を探している人を募集しています。

基本的には次のステップを踏んでいきます。

電話やメールで問い合わせていただく

↓

後に会社に来ていただき面接などを済ませて登録手続きを行う

↓

ぴったりの仕事を見つける

↓

スタッフと企業、それぞれに打診

↓

スタッフ・派遣先企業がOKなら面談

↓

双方が同意すれば就業

ある日、ひとりの女性から電話で応募がありました。担当者が話を聞くと、

「あんたのところで働いてやってもいいけど、面接にわざわざ出向きたくない。働いてやるんだから、あんたがウチの近くまで来なさいよ」

と言います。初めてのことで、あまりの無茶ぶりにびっくりしていると、

「私は別に、そんな働かなくてもいいんだよねー。まあでも、そこまで言うんだったら、働いてあげてもいいよ」

（え？　応募してきたのは、そっちなのに？）

と、心の中で思わずツッコんでしまいました。

しかし実は似たようなことを言う人は、その後もときどき現れます。男女はあまり関係なく、年齢層が高い人に多いのが特徴です。丁寧に説明して渋々と面接に足を運んでくれる人、それでも来ていただけない人、どちらもいますが、そういう方々に合った企業を見つけるのはなかなか至難の業です。

ツッコミちゃんのひとこと

CASE 05

〝短気〟は〝損気〟

派遣会社で面接・登録を済ませて条件に合う仕事が見つかったら、次のハードルは派遣先での面談、そして職場見学です。

無事、就業予定となったササキくん（仮名）。企業との面談を終え、人事の方の印象もまあまあの様子。働き始める前にどんな職場環境で働くかを見学することになりました。

ここではこんなことをやって、あそこではあんな作業をして……と、ササキくんがこれから働くであろう職場を紹介しながら一緒に回った企業の担当者が、ちょっとその場を離れたときのことでした。

すでにそこで仕事をしていた別の派遣社員のひとりが、

すれ違ったタイミングでササキくんの肩にぶつかったのです。カチンと来たササキくんはその相手をにらみつけました。その顔を見た向こうも同じようにササキくんをにらみ返しました。

「なんだその目は?」

「お前がぶつかってきたんだろ‼」

という会話があったとか、なかったとか。

すぐさま二人のやりとりは、小競り合いのケンカにまでなってしまいました。ササキくんは実はとっても短気で、すぐカッとしてしまう性格だったのです。

……結局、ササキくんの採用はこちらから見送ることにしました。これから一緒に働くかもしれない相手と、ただ「肩がぶつかったから」という些細な出来事で小競り合いのケンカにまで発展してしまったのですから、「先が思いやられる」と派遣先企業の人も思ったに違いありません。

実際に世間でも「肩がぶつかっただけ」といって傷害事件に発展してしまう事件はよくあります。昔から「短気は損気」と言いますが、彼はまさに、短気が災いして損をしてしまいました。

ツッコミちゃんのひとこと

CASE 06

ご近所さんには〝有名人〟

ウエノさん（仮名）は派遣会社の登録時にもおとなしくて、かといってこちらからの質問には的確な受け答えを返してくれる、とてもまじめでしっかりしていそうな雰囲気の30代男性でした。

「自宅から近い」というウエノさんの希望条件に合った企業が見つかり、派遣会社としても安心してウエノさんをオススメしました。工場見学、面談とスムーズに話は進み、企業の方からの反応も良く「では来週月曜日からお願いします」ということで、その日の午前中にウエノさんと派遣会社の担当者は企業を後にしました。

金曜日、終業時間も間近になったころ、その企業から我が社に1本の電話が入りました。聞くと

「月曜日から就業予定だった人の採用を、なかったこと

にしてもらいたい」

とのこと。突然の不採用の連絡に、私は事情を聞かせてもらうことにしました。

昨日の午前中に職場見学で企業を訪れたとき、そこで務めているパートタイマーの方やアルバイトさんの何人かが、ウエノさんの姿を目撃していました。見学が終わって私たちが会社を後にすると、すぐにその方たちは上司の元へ行き「いま面談に来た人って、●●に住んでる人ですよね。ちょっと心配なんです……」と、その理由を話しはじめたそうです。


話の内容は、ウエノさんと暮らしている奥さまがよく怪我をしていることが近所では有名で、それだけではなく、DVの通報で何度も警察沙汰になっているらしいのです。もちろん暴力をふるっているのはウエノさんで、ご近所では有名な家庭だったのです。その企業はわりと小さな職場で、上司と部下の距離も近いことが魅力でした。あっという間にその話は人事担当の方や社長の耳にまで届き、企業の方で今回の話はナシで、ということになってしまったのでした。

ウエノさんには
「企業の方でトラブルが起きて、人を採用すること自体が取りやめになりました」
と伝えてなんとか了承してもらいました。地域によっては職場と家が近いことも多く、その場合、他人のお家事情はあっという間にご近所さんに広まります。
家から職場が近いと良いこともあるかもしれませんが、時としてちょっと怖いなとも思った出来事でした。

ツッコミちゃんのひとこと

CASE 07

何度もブッチする人

気も利くし、感じもイイ。決して悪い人じゃない……。なのになかなか仕事に就けない人がいます。今回が3回目の紹介となるモギさん（仮名）がそのひとりです。

モギさんは20代の女性です。敬語は完ぺきとは言えないまでも失礼に感じるというほどでもなく、明るい話しぶりはとても魅力的。ちょっとしたときに気が利く人だということが垣間見えます。これまでに彼女には3件ほどお仕事の紹介をしました。……が！　彼女はまだ採用に至っていないのです。その理由は……彼女が〝ブッチの常連〟だから。

「ブッチ」。つまり「勝手に授業や仕事、友達との約束を一方的に断りもなく、サボったり、守らないこと」です。「ばっくれ」なんて言い方もしますが、とにかく彼女はせっかくぴったりの条件の仕事が見つかっても、企業との面談になると毎回必ず来ないのです。面談に突然来ない人もよくいますが、女性よりも男性の方が圧倒的に多いのが特徴です。女性は条件がしっかりしていれば、文句は言ったとしても来ないということはほとんどありません。しかしモギさんだけは別でした。毎回来ないというのは一体なぜなのでしょうか。

その仕事をしたくない、というわけではなさそうなのですが、本人にたずねても「なぜでしょうね」と言うばかりで、今ひとつハッキリとした理由がわかりません。企業のみなさんに迷惑がかかるので、何回もブッチする人には当然お仕事を紹介しづらくなります。

本当にもったいないとしか言いようがありませんが、なぜ面談になるとブッチするのかは、永遠の謎です。

ツッコミちゃんのひとこと

CASE
08

舞い戻りたい人

何度も言いますが、派遣会社には昨日も今日も、そしておそらく明日も実に色々な人が面接に訪れます。

ひとつの支店で1日100件以上にもなる応募の対応をおこなうこともあります。サトウさんは、ある企業の募集を見て私たちの派遣会社に登録に訪れました。企業が求めている人材にもピッタリだったので、サトウさんの希望通り、さっそく就業に向けて担当者が話を進めました。

いよいよ面談となったとき、相手先の企業からの情報で、サトウさんがかつてその企業の採用試験を受けて不採用になった人だということが分かりました。当然面談の話はなくなりましたが、サトウさんに限らず条件が合う企業を紹介して面談の直前になってから、以前関わりのあった企業だったと判明することはたまにあります。企業を紹介された時点で「実は前働いていた会社なんです」と言おうと思えば言えるはずなのですが、そのときには言わずにギリギリになって言う人が何人もいるのは不思議なことです。

サトウさんの一件以来、派遣社員の職歴などを見て

(あれ？　似たような職種だな)

とか

(この期間は空白だな)

などひっかかることが少しでも見つかれば、私たちの方から以前勤めていた会社かどうかをたずねるようになりました。ですが、そもそも最初に自分から言い出せないような人は

「前に働いていたことありませんよね？」

と問い詰めても

「ありません！」

と言い張るケースが多いのです。面談をすれば結局バレてしまうはずなのに……もうワケがわかりません。

その企業に採用されたいがためにウソをつくのでしょうが、当然相手先の企業にもウソをついていたことはバレてしまうわけですし、企業はそんなウソを不審に感じたり、一度不信感を抱いた相手を採用することは、決してありません。

ツッコミちゃんのひとこと

なんでそんなに
その企業に
舞い戻りたいの？
鳩なの？

CASE 09

初日からいなくなるひとたち　その1

連絡が取れなくなる、面談をブッチする……。製造業のお仕事を紹介する派遣業界では、突然いなくなるケースはもはや日常茶飯事です。

しかしいくら日常茶飯事とはいえ、社会人としては絶対にやってはいけないことですし、そういう派遣社員さんに遭遇すると派遣会社側もとてもガッカリします。相手先企業には、いなくなってしまった派遣社員の代わりに派遣会社の担当者が謝罪に行くのですが、なにより、派遣の仕事を依頼してくださった企業に申し訳ない気持ちでいっぱいになります。

いなくなるタイミングを「入社初日」に絞っても、毎月数回はあるでしょうか。あまりにも多いので、だんだん感覚がマヒしてしまいそうですが、他の業界の人に話すとけっこうビックリされることも多いので、初日にいなくなるというのがどんな感じなのか、3つほど続けて例を挙げてみましょう。まずはムラカミさんの場合です。

ムラカミさんはなかなかタイミングや条件が合う企業が見つからず、登録から2ケ月ほど経ってやっとピッタリの仕事に巡り合いました。あとは現場見学です。見学の途中でムラカミさんは企業の担当者に

「トイレに行っても良いでしょうか?」

とたずね、トイレに行ったまま姿を消しました。企業の担当者も、すぐ連絡を受けた派遣会社の担当者も、ムラカミさんに何度も電話をかけましたが、

「おかけになった電話番号への通話は、お繋《つな》ぎできません」

とアナウンスが流れ、電話は切れるばかりです。朝は繋がっていましたし、このメッセージが流れるということは、おそらく着信拒否されているようです。トイレに行く前

の様子を企業の担当の方にたずねてみましたが、変わった様子もなく、会話も普通にしていたとのこと。
その後いっさい連絡は取れず、ムラカミさんに一体何が起きたのか、真相はいまだに分からないままです。

トイレ
トイレ…

ツッコミちゃんのひとこと

まだトイレを
探してるのかも……
ア、アハ…

CASE 10

初日からいなくなるひとたち　その2

希望していた条件にピッタリの職場が見つかったスズキくん（仮名）は、最初からその企業で働くことに乗り気でした。採用も決定し、あとは丸一日かけての作業内容の説明と工場見学を残すのみでした。今度はそのスズキくんがいなくなったときのお話です。

スズキくんは、自分と同じように採用が決定した6人と一緒に、午前中は会議室でこれから働くことになる会社の概要を簡単に聞き、お昼を挟《はさ》んで午後は作業現場の雰囲気や全体の流れを見学するというスケジュールでした。

12時、採用決定者7人には1時間のお昼休憩が言い渡されました。昼食は各々《おのおの》、持参したものや近所のコンビニエンスストアで買って来たものを会社内の休憩室で食べてもよし、近所のファーストフード店で食べて来てもよし。各自自由にとって13時に工場の入り口で集合する予定でした。スズキくんは近くにあるファーストフード店で昼食をとることをその場にいた数人に告げ、会場をあとにしました。

そして13時。

工場の前に6人が集まっても、そこにスズキくんの姿はありませんでした。企業の担当者は少し待ちましたが、いつまで経ってもスズキくんは現れません。あとの6人を待たせるわけにはいかないので、予定時間を少し遅れて工場見学が始まりました。見学を終えて、再び会議室に戻り連絡事項を伝え終えて、6人が帰宅した後もスズキくんが帰ってくることはありませんでした。

実は13時から30分も回ったころには、企業から派遣会社にスズキくんが戻ってこないという連絡が入っていました。その直後から派遣会社はスズキくんの携帯に怒涛の電話攻撃を繰り広げ、何件も留守番メッセージを残していたのですが、スズキくんが電話に出ることはありませんでした。もちろん何か事件に巻き込まれた可能性も疑いましたが、そんなことはなく、スズキくんはお昼休みにそのまま帰ってしまったのです。やっぱりこの仕事が嫌だと思ったのかもしれないし、何か気に食わないことがあったのかもしれない。数日後、スズキくんの電話番号にかけると「この番号は現在使われておりません」というアナウンスが流れるようになりました。真実は永遠に闇の中です。

ずいぶん長い昼食だなと思ったら、まさかの〝永遠の昼休み〟!?
!?

ツッコミちゃんのひとこと

CASE 11

初日からいなくなるひとたち　その3

面談を無事終え、工場見学も済ませたフジイさん。ハキハキしたとても感じの良い青年です。派遣会社の担当者は

(彼なら大丈夫だな)

と思いつつも、他の派遣社員さんたちにするのと同じように、勤務初日の終業時間を見計らってフジイさんに電話連絡をし、初日の勤務の様子とフジイさんの感想を聞くことにしました。何か気になることや問題があれば、この早い段階で対策を練ることができます。

呼び出し音が1回、2回3回……6回ほど鳴った後、フジイさんが出ました。

「フジイさんの携帯ですか?」

「はい、そうですけど〜」

なかなか出ないので少し不安がよぎりましたが、電話に

出たフジイさんの声はいつもの明るいフジイさんの声でした。安心した担当者は、初日の感想を聞きました。

「どうでしたか？　初日の感想は」

「余裕っす！　頑張りました〜！」

「お疲れ様です。社員の人はどうでしたか？」

「全然問題ありませんっ！　きちんと教えてもらったし……」

「それは良かったです。明日からもよろしくお願いします」

「はーい。任せてください！」

しばらく話をして問題なさそうだったので、その日はそのまま電話を切りました。

それから1週間後。

書類のことで伝えなきゃならないことがあり、再びフジイさんに連絡をする機会がありました。先日と同様、終業時間を見計らって電話をかけます。

「はい！」

いつも通りの元気な声にスタッフは安心しつつ、用件を話しました。同時に、

「職場はうまくいってますか？　調子はどうですか？」

とたずねると
「大丈夫！　めっちゃ元気です～!!」

という明るい返事。そのあとは何気ない会話をして電話を切りました。

（そろそろ企業の方にも、派遣社員の勤務態度や印象などを聞く時期かな）

と思った担当者は、そのままフジイくんの派遣先企業に連絡を入れ、フジイくんの様子をたずねました。すると、担当者は少し語気を荒げてこう言いました。

「どうもこうも、２日目から一度も来てないですよ！」

「ええっ？」

担当者はサーっと血の気が引いていくのが分かりました。

さっき話したばかりのあの元気な報告は一体……!?

ツッコミちゃんのひとこと

CASE 12

採用時には印象良かったのに…

派遣会社に登録に訪れるときや、派遣先企業への採用が決定したときにはとても印象が良かったのに、お仕事の開始後にガラリと態度が変わる人がいます。これは派遣社員に限ったことではなく、派遣会社や派遣先企業でもあることです。最初の印象は良かったのに、次に会うとなぜか印象が違う。

（あれ？　もっと感じの良い人だと思っていたのに…）
（しっかりしていて誠実な印象だったけど、けっこういい加減なのかな）

こう思われる人のほとんどは、コミュニケーション能力が高いのが特徴です。こういう人は、相手がどんな人を好ましいと思っているのかを敏感に感じ取って、言葉や身振り手振りで自分が持っている以上に自分を良く見せることができるのです。これはとても素晴らしい能力ですから、持っているに越したことはないのですが、面接する人や面談の様子を何人も見てきた私が思うのは、「最初に好印象の人ほど注意した方がいい」ということ。私の経験から言わせてもらえば、最初の印象が良ければ良いほど要注意です（笑）

タカダさんは第一印象がとても良い女性でした。身だしなみもきちんとしていて、人当たりも良い。ちょっとした会話にも反応が早く、会話のキャッチボールも長く続くのに、おしゃべりというわけでもない。面接のときには予定の時間よりだいぶ早く来社して、派遣会社の社員の誰もが

（この人はすぐにいい企業に決まるだろうな）

と思っていました。実際、とんとん拍子に話は進み、数人採用された派遣社員の中でもタカダさんの評判が派遣先企業の担当者には一番良かったのです。

ところが3日後、派遣先企業からタカダさんの勤務態度について連絡がありました。

言われたことをやらずに帰ってしまう、何度も同じ注意を受ける、注意されると口をきかなくなる、といったいくつかの問題が発生しているようです。

不良品を出すことが増え、社員がやり直さなければならないといった二度手間になることが度々起こるようになり、注意も増えるにつれてタカダさんには遅刻や欠勤が目立つようになりました。

派遣会社の担当者がタカダさんと話をしに企業を訪れても、ぶっきらぼうに「はい」を繰り返すだけ。最初の印象とはまるで別人です。

結局、ほかの派遣社員は3ケ月後に契約更新になりましたが、残念ながらタカダさんに契約更新はナシ。最初の印象がとても良かっただけに、派遣会社の担当者も相手先企業の担当者もなおさらガッカリだったようです。

ツッコミちゃんのひとこと

第一印象は大事だけど、
第一印象だけじゃダメ！

CASE 13

慣れても油断は禁物

派遣社員が新しい職場で働きはじめ、仕事に慣れてきてからも、さまざまな問題は起こります。少し前のページで仕事の初日にいなくなる人のお話をしましたが、仕事に慣れてからもいなくなる人は結構いるので油断は禁物です。

これは就業して3ケ月になる派遣社員、フカミさんのお話です。

初日からなんの問題もなく、勤務態度も普通。いや、むしろまじめな方だったと思います。フカミさんは就業開始5分前には準備を全て整え現場にいるような人でした。ミスも少なく黙々と作業をこなし定時の5時きっかりに仕事を終え、てきぱきと片付けをして職場のみなさんに

「それではお先に失礼します。お疲れさまでした」

ときちんと挨拶をして、毎日午後5時5分には帰宅するような几帳面な人でした。

フカミさんは実家暮らしでしたが、派遣会社の担当者とのやりとりからも気になる点はひとつも見られず、家庭でも職場でもトラブルを抱えているような様子はまったくありません。3ケ月働いている中で、遅刻も欠勤もありませんでした。

ある日、相手先企業から

「フカミさんから何か連絡は入っていませんか?」

という問い合わせがありました。聞くところによるとフカミさんはその日の朝、いつも通りに準備を終え、5分前には現場に入っていました。やがて朝礼が始まり、その日は全員で二人一組になって軽いストレッチみたいなものが行われたそうです。それからいつもの仕事が始まりました。3時間くらいしてお昼休みも近づいてきたころ、フカミさんと同じグループのひとりがフカミさんがいないことに気づきました。朝礼にはたしかにいたはずのフカミさんが、どこを探してもいません。フカミさんが朝礼に参加していて同僚の人とストレッチをしていたという証言も得られていますから、フカミさんはたしかに朝礼には参加しています。

報告を受けたグループ長は、フカミさんと同じグループの人にフカミさんを最後に見たのはいつかたずねました。

（思い返してみると朝礼が終わってからフカミさんの姿を見ていない……）

何人かの同僚は朝、ロッカーでフカミさんと挨拶をしたことや、朝礼で彼女の姿を見たことを記憶していましたが、朝礼後にフカミさんを見たという人は一人もいませんでした。

そこからフカミさんとは一切連絡が取れなくなりました。フカミさんは実家の電話番号を登録情報に記載していませんでした。フカミさんのロッカーからはフカミさんの荷物が全部なくなっていて、フカミさんが着ていた制服がハンガーにかけられていました。

理由は分からないものの、フカミさんはその日の朝礼が終わってからお昼までの3時間の間に、誰にも気づかれないようにロッカーに戻って自分の荷物をまとめ、誰にも見られないでその職場を後にした、ということになります。

一体フカミさんに何があったのでしょうか。

朝　礼

ツッコミちゃんのひとこと

朝礼だけ参加？
きちんとしてるのか
してないのか…

CASE 14

いなくなりたいわけじゃないけど

ここまで読んでいただくと「いなくなる人」がこの業界には実に多いことが分かっていただけたと思いますが、中には戻りたいのに戻れず「いなくなる人」になってしまうケースもあります。

ヒロイさんは20代半ばの男性です。朝、いつものように出勤していつものように仕事をして、いつものようにお昼休みにコンビニエンスストアにお昼ご飯を買いに出かけました。休憩時間が終わり、同僚たちが仕事に戻りましたが、待てど暮らせどヒロイさんは帰って来ません。心配になった上司はまず休憩室を探しますが、ヒロイさんの姿はありません。続いてヒロイさんとわりと仲の良い同僚を連れて、ロッカールームを探すことにしました。

ロッカールームに戻ると、共同で使う椅子の上にヒロイさんの携帯が置きっぱなしになっています。ロッカーを開けてみるとお財布はなさそうでしたが、上着やカバンなど一応の荷物一式は置いたままになっているようです。

派遣会社にはその時点でヒロイさんが行方不明という連絡が入りました。ひとり暮らしのヒロイさんへの連絡手段は携帯電話しかありません。しかもその携帯電話は職場に置いたまま。どうやって探そうかと考えていましたが、午後3時ごろになって派遣会社に警察から連絡が入り、ヒロイさんが行方不明になった真相が明らかになりました。

お昼ごはんを買いに出たヒロイさん。コンビニエンスストアで店員とのちょっとしたやりとりにカチンと来て揉めてしまいました。どちらかが一言謝ればそれで済んだのでしょうが、どちらも同じくらいの年代だったせいかイザコザはエスカレートし、殴り合いのケンカにまで発展してしまいました。もう一人の店員が慌てて110番通報をし、ヒロイさんはそのまま警察に捕まってしまいました。

いくら仕事に戻りたくても、警察署で調書を取られていたヒロイさんが仕事に戻ることが叶わないのは当たり前。傷害・器物損壊罪で逮捕・勾留されてしまったのです。幸い、示談で不起訴となりましたが、ヒロイさんはその職場には居づらくなってしまいました。

ツッコミちゃんのひとこと

CASE 15

ただ ロッカーが好き……

シブヤさんは、勤務態度にまったく問題はない、少しおとなしそうな雰囲気の女性です。おとなしそうではありますが、誰とも話をしない〝極度の人見知り〟というほどではありません。話しかければ普通に会話に参加するものの、自分から積極的に世間話を始めるようなタイプではない、といった感じの普通の女性です。

ある日、派遣先の企業からこのシブヤさんの契約を「来月いっぱいで終了したい」という旨の連絡がありました。遅刻や欠勤が多いわけでもないですし、ミスが多いのかをたずねてもそうじゃないという返事が返ってきます。

「よろしければ理由をお聞かせいただけますか?」

相手先企業の担当者に聞くと、こんな答えが返ってきたのです。

シブヤさんはいつもきっかり定時に仕事を終えます。ですが会社を後にするのはいつも夜の8時ごろ。定時が5時なので3時間ほど経っています。その3時間、シブヤさんは毎日ただロッカールームにいるそうです。携帯をいじっていることもあれば、ロッカー内のベンチに座って手帳を出したり、自分のバッグの中身を整理したりしていることもあるそうですが、毎日終業後に3時間、とりたてて何をするというわけでもなくシブヤさんはロッカーに居続けます。

時間をつぶそうと思えば、その仕事場の近くにファーストフード店もコンビニエンスストアも本屋さんもあるのに……。

（ひょっとして、ほかの人のロッカーにある荷物や貴重品が目的なのでは？）

と、社員やそこで働くパートさんたちも一瞬考えましたが、そのロッカーを使用している誰に聞いてみても、自分の荷物やお金・貴重品がなくなったという事実は確認できませんでした。

とはいえ、他の社員たちはなんとなく不気味だと上司に申し立て、シブヤさんの契約は打ち切りとなってしまったのでした。

シブヤさんがなぜ毎日3時間もそのロッカーにいたのか、理由は誰にも分かりません。

ツッコミちゃんのひとこと

よほど居心地の良いロッカーか、熱烈なロッカー愛好家!?

CASE 16

ランチ・ゲーマー

カナモトさんは30代後半の少しいかつい大柄な男性です。仕事はマイペースながらも、しっかりと決められたノルマを日々こなしています。

普段はそんなに目立たないカナモトさんですが、通常1時間と定められたお昼休憩を、いつも1時間半かかって戻って来ていました。

カナモトさんはお昼休憩が終わる間際に必ずトイレに立ち寄るのですが、一度トイレに入るとなかなか出てきません。最初は会社の人たちもカナモトさんの人柄を考えると（お腹が弱い人なのかな）と勝手に解釈してしまい、同情する気持ちから少しくらいお昼時間をオーバーしても大目に見ていました。

ところがカナモトさんがトイレから戻ってこないのは、

カナモトさんのお腹が弱いせいなんかではありませんでした。

お昼休みが終わる直前、たまたま会社の人が男子トイレに入ると、閉まっているトイレの個室から何やらピコピコという電子音が聞こえてきます。トイレの個室でピコピコ音をさせていた人の正体はカナモトさん。彼はお昼が終わった後トイレでスマホゲームに興じていたのです。

今までは音などは聞いた人はいませんでしたから、そのときたまたま音を切るのを忘れていたのでしょう。その日からカナモトさんがお昼が終わってもゲームをやっていて戻ってこないということは、周りに知れ渡ることとなりました。

ですが、少しいかついカナモトさんに誰も直接文句や注意を言わなかったので、カナモトさんは注意されないまま、長い時間ゲームを楽しんでは遅れて現場に戻る、ということを続けました。

お昼にゲームに夢中になり、決められた休憩時間より30分以上も戻ってこない派遣社員が工場にいるということは、やがて親会社にまで知れてしまいました。

派遣会社に連絡が来たのはカナモトさんが働く工場からではなく、隣の県にある親会社からでした。クビにしろという言葉に、カナモトさんの弁解の余地はなく、カナモトさんは職場を去っていきました。

ツッコミちゃんのひとこと

CASE 17

あれほど注意したのに

派遣社員も会社への行き帰りや仕事の最中にケガをしたときには、基本的には労災保険で治療費や賃金の一部が補償されます。普通のデスクワークでも、例えばお湯などでやけどを負ってしまったり、ドアや引き出しに手を挟んでしまったり、事務用品で指を切ってしまったり、通勤途中だけでなく社内で思わぬ事故にあってしまい、ケガをする危険はいくらでもあります。

また、私たちの派遣会社でも多く取り扱っている製造業の派遣社員さんたちは、特にしっかり注意をしないと、この後の生活や命にかかわる事故につながってしまうような重大で危険な業務も多くあります。

ですから、業務には事故を防止するためのマニュアルがしっかりと決められています。作業をする人は事故を起こしたりケガをしないようにするために、決められた注意や手順を守って仕事をしなければなりません。たとえそれがとても面倒くさい手間であったとしても、身体や命を守るためにはその手間ですら、とても重要な仕事のひとつなのです。

ショウジさんの仕事は、「作業中には必ず機械の電源を切ってから行うように」と言いつけられていました。ですがショウジさんはたびたび電源を切るのを忘れ、社員の人に注意されることがありました。その日もウッカリして電源を切り忘れたまま作業を行って機械が動き出してしまい、これからの生活にも支障が出るような大怪我を負ってしまいました。

電源を切らなかったことを後悔しても、もう後の祭りです。なんとか労災が認定されましたが、怪我をした本人に重大な落ち度がある場合には、補償が給付されない場合もあります。

ショウジさんと同じように、タカハシさんの仕事もまた、危険と隣り合わせの仕事です。皮膚につくと危険な薬物を扱うため、手袋を必ずつけることが決まりでしたが、タカハシさんは何度注意されても、手袋をしないままで作業をしていました。案の定、タカハシさんは怪我をしてしまいますが、彼の場合、労災給付が欲しくて意図的に自分で事故を起こしたことが偶然すぐ後に発覚します。社員に注意されて手袋をはめたタカハシさんが、社員が去ったのを確認してからまた手袋を外す様子が、社内のカメラに写っていたのです。

社員と派遣会社の担当が同席してタカハシさんを問いつめると、タカハシさんは翌日から会社に現れず、彼が求めていた労災の話も結局うやむやになって立ち消えてしまいました。おそらく申請しても労災は下りなかったでしょう。

ツッコミちゃんのひとこと

お金欲しさに
危険を冒すなんて
当たり屋みたい！

CASE 18

それは犯罪行為です

派遣社員が、

「この日はこれくらい仕事をしましたよ」

という報告は、お給料をもらうために必要不可欠な作業のひとつです。通常は紙やウェブなどのタイムシートでの申告が多いですが、この申告方法は派遣会社や働く企業・工場によって違います。申告も承認も手書きの書類だったり、企業で用意したタイムカードを用いる場合などもあり、さまざまです。

ハタケヤマさんは出勤時間、退社時間などを手書きで記し、担当者も忙しいため何日分かをまとめてサインをもらうという申告方法の職場に勤めていました。

そのため、水増ししたり少し時間をずらして記入することもできてしまいます。最初は軽い気持ちから始めたのかもしれませんが、ハタケヤマさんはちょっと隙を見ては、5分、10分とタイムシートに実際の労働時間を水増しして記載・申告するようになりました。

(お給料がもう少しだけ欲しい、これくらいならバレないだろう)

そんな軽い気持ちで不正に就業時間を申告する人がごく稀にいますが、不正打刻は法律違反で詐欺罪になる場合もあります。結局ハタケヤマさんは申告内容をおかしいと思った担当者にこっそりチェックをされていて、不正申告がバレてしまいました。かといって会社としては過去の分については遡って不正を証明する手立てもないため、担当者に過去の申告も疑われたまま契約終了となってしまいました。

不正申告は派遣社員はもちろんアルバイトでも、最悪懲戒解雇——〝クビ〟になるほどのことです。「悪気はなかった」「わざとではない」「知らなかった」……そんないいわけは法律には通用しません。

ツッコミちゃんのひとこと

CASE 19

おかしいのはいつも会社です

仕事はとってもできるのに、なぜか長続きしないという人がいます。

ミズタニさんはとても仕事ができるのに、いくつもの派遣先企業を転々としている30代の女性です。ミズタニさんは仕事ができるだけでなく人一倍責任感が強くて、曲がったことや矛盾が大嫌いです。

ある日、派遣社員に出される指示が社員さんによってそれぞれ違うことから、ミズタニさんが勤める部署の作業が大幅に遅れてしまうということがありました。ミズタニさんはその持ち前の正義感で、それぞれ違う指示を出した社員の上司にコトの経緯を報告しました。それだけで済めば良かったのですが、責任感も強いミズタニさんは遅れている作業をどうにかしようと他の派遣社員の分まで仕事をやってあげたのです。しかしその結果、ミスも起こしてしまいます。

ところがミズタニさんは、「それは自分が悪いのではなく、もともとはそれぞれ違う指示を出した社員たちが悪いからだ」と主張して社員たちと言い合いになりました。問題を大きくしてしまったミズタニさんは、結局会社からもういらないと言われてしまいます。

それからミズタニさんは、その後に派遣された企業を、まったく同じパターンで3回連続して辞めることになったのでした。

さすがにここまで続くと問題はミズタニさんにあると思わざるを得ません。確かにミズタニさんがしたこれまでの話を振り返ると、派遣先の企業の文句が目立ちます。

これまでの経験上、企業のクレームを言う人のほとんどは女性の派遣社員です。男性の場合は文句を言わずにすぐ喧嘩になるか、あるいはそのまま辞めてしまうかのどちらかの場合が多いように思います。今回のミズタニさんの場合はその典型的なパターンではありますが、少し度が過ぎてしまっているようでした。

派遣担当者がミズタニさんに、

「相手の方との間に誤解があったのかもしれないですよ」

「向こうにもそんな悪気はなかったかもしれませんよ」

「ミズタニさんの言い方を少し変えてみれば、改善するかもしれませんよ」

といったアドバイスを何回もしましたが、

「私は一切悪くない！」

の一点張り。その後3つの企業でも同じように、

「私にはなにひとつ非はない、悪いのはすべて会社の方だ」

ミズタニさんは決して自分が正しいという主張を覆すことはありませんでした。

ツッコミちゃんのひとこと

CASE 20

派閥の女王

派遣業界に限らずですが、人の数が増えると必ず〝派閥〟というものができていきます。

みんなが仲良くできればなんの問題も起きないのですが、一度派閥ができてしまうとそこで働く人の職場環境はガラリと変わってしまいます。そのため職場の派閥問題は、働く人にとっては一大事です。

スギヤマさんは同僚たちから密かに『派閥の女王』と呼ばれています。

スギヤマさんが私たちの派遣会社に登録をしてからもう5年ほどになりますが、その間に働いたいくつもの企業ではスギヤマさんを頂点に、派遣社員たちの中で必ず派閥が生まれました。

派遣社員が同じ職場の同僚派遣社員のクレームを担当者に連絡してくるということはたびたびある話ですが。しかしスギヤマさんがいる職場ではそのクレームの数が必ず他の現場より多いのです。

スギヤマさんの派閥に入れなかった派遣社員たちは、スギヤマさんの派閥にいる派遣社員たちによって派遣会社に次々と苦情を入れられるようになるようです。

サボってもいないのに

「あの人はいつもサボっている」

というような内容からはじまり、

「あの人を辞めさせてください」

という話まで、クレームの内容はいろいろですが、特徴的なのはスギヤマさんが直接派遣会社に同僚のクレームを入れてくることはほとんどなく、必ずスギヤマさんと仲の良い派遣社員たちからの密告のような形でクレームが入ることです。

ひどくなるとスギヤマさんたちの派閥に入れなかった派遣社員たちは、作業で使うための道具を隠されたり私物がなくなったりと、陰湿ないじめにまで発展することもあったようです。

その都度何か思い当たる節をたずねても、いじめのターゲットになった派遣社員は

「全くありません」

と答えるのがほとんど。しかし話を進めていくと「一緒に食べようと誘われたお昼を一回だけ断った」とか、「ドラマの話をされて観てないと答えた」とか、本当に些細なきっかけが見え隠れします。

結局スギヤマさんが勤めた5つめの企業で、スギヤマさんが束ねる派閥がその職場の仕事環境を悪くしていると判断されました。

企業は派遣担当者と話し合い、スギヤマさん一人を派閥が作れないような環境の別の部署に移動させることにしました。

すると驚くことにスギヤマさんがその部署から抜けた途端、派閥らしきものはあとか

たもなくなり、その会社の職場環境はみるみる改善したのです。

　このように人間関係のトラブルがある場合、隔離できる環境があれば企業と派遣会社の担当者たちが話し合って、問題を抱えているだろう人物を隔離することがあります。

　スギヤマさんは仕事ができる人でしたから、うまくスギヤマさんの能力を生かせる方法を考えることも、派遣会社の仕事です。

ツッコミちゃんのひとこと

CASE 21

それはストーカーです

サエキさんは製造業で働く男性派遣社員です。派遣会社の彼の営業担当は女性社員でした。

サエキさんはその女性社員を気に入っているらしく、ことあるごとにメールや電話をかけてきては、彼女をご飯に誘っていました。女性社員にはまったくその気はなく、誘われるたびに断っていました。

それでもサエキさんは、仕事の相談などと言ってはその女性社員の携帯電話に電話をかけてきて、結局世間話だけをして切る、といったようなことを繰り返していました。

あまりにも不要不急の連絡が多いため、会社としてはサエキさんの担当を別の男性社員に代えようという話も出てきたころでした。

女性社員が休日にレストランなどで食事をとっていた

り、仕事終わりにカフェに寄ったりしているときに限ってタイミングよく、サエキさんが電話をかけて来るようになりました。

女性社員がおかしいと思いはじめたある日、いつものようにタイミングよくかけてきた電話の向こうからサエキさんはこう言いました。

「●●さん、今××に居るでしょ？」

そこはサエキさんが口にした通りの場所でした。

私たちの派遣会社は都心とは違い、社員やスタッフが公共交通機関ではなく車で移動することも多くあります。その女性社員も車通勤をしていました。もしやと思った彼女は同僚と何人かで車をくまなく探してみると、車にはGPSが仕掛けられていたのです。

翌日、女性社員は男性上司と一緒にサエキさんの仕事先へ出向き、終業時間を待ちました。仕事を終えたサエキさんと近所のファミリーレストランに入り、サエキさんのしたことがストーカー行為であること、そしてそれは犯罪だということを伝えました。

これ以上繰り返すようなら通報や訴えたりしなければならなくなるということを話す間、サエキさんはただ黙ってうつむいて聞いていました。そして

「尾行しているわけでも、電話だって毎日しているわけでもなかったのに……」

と、小さな声で呟きました。自分のしていることがまさか犯罪行為になるとまでは考えていなかったようでした。

それからすぐに担当も代わり、女性社員のところへはサエキさんの電話やメールもなくなりました。女性社員は今でも派遣社員たちのために頑張って働いてくれています。

ツッコミちゃんのひとこと

CASE 22

トレンディードラマ

ある企業で働く女性派遣社員のキムラさんと男性派遣社員のマルヤマさん。二人は男女何人もが一緒に働くこの職場で出会い、意気投合して、付き合うようになり、瞬く間に結婚しました。

ある日、その職場にツツミさんという男性が新たに派遣社員としてやってきました。ツツミさんは先輩派遣社員のキムラさんに仕事を教わることになりました。面倒見のいいキムラさんに丁寧に仕事を教えられているうちに、ツツミさんはキムラさんのことが好きになってしまいました。

キムラさんはマルヤマさんと結婚したばかりということをツツミさんに告げましたが、ツツミさんは諦めずに猛プッシュ。結局その熱意に負けたのか、時折キムラさんはツツミさんと終業後に一緒にご飯を食べたり、映画に出掛けたりするようになりました。やがてツツミさんは、夫であるマルヤマさんの前でもキムラさんに馴れ馴れしく接するようになりました。

そのうち、二人が一緒にいるところを見たという同僚の話がマルヤマさんの耳に入るようになります。当たり前のことですがマルヤマさんは面白くありません。

家にいるときもキムラさんの携帯にはツツミさんからの連絡が入り、キムラさんもまんざらではなさそうです。結婚しているのに三角関係のような状態がしばらく続きました。そんな日が続いてとうとうマルヤマさんは爆発し、職場のみんながいる前で二人のことを色々ぶちまけてしまいました。

当然ツツミさんは辞めさせられてしまいましたが、キムラさんへの風当たりも強くなり、キムラさんもすぐに職場を去りました。その後、キムラさんとマルヤマさんはすぐに離婚してしまったと聞きます。

ツッコミちゃんのひとこと

CASE 23

それはパワハラです

本来「パワハラ」とは、立場や権力の強い人が弱い人へ向ける理不尽な行為のことです。

派遣業界では派遣先企業の社員の方が派遣社員たちより立場が強く、ここ近年増えた「モラハラ」「パワハラ」といった問題が起きるとき、加害者が企業側で被害者が派遣社員側であることがほとんどです。

しかし逆に、派遣社員の方が加害者となってしまったケースもあります。

大手企業の系列工場に勤務するイチカワさん。彼はその工場に勤めて10年以上にもなる40代のベテラン派遣社員さんです。

ある年の春、本社からその年入社したという新卒の社員さんが挨拶に訪れました。それぞれ各部署をくまなく体験して回る新人研修で、しばらくの間イチカワさんについて仕事の流れをつかみ、その後で新人自らも実際の作業に加わることになっていました。

その新入社員はおっとりした感じの方で、年齢が若いせいもあるかもしれませんが、なんだか頼りなさげです。案の定飲み込みも悪く、イチカワさんは彼に教えるうちにだんだんとイライラし始めました。最初はただ語気が少しだけ強くなるだけだったのですが、徐々に言葉づかいも乱暴になっていきました。

「正社員で採用されたのにこんなこともできないの?」

「そんなの世間の常識だろ、バカなのか?」

「こんなことも知らないなんて!! 社会人やめたほうがいいんじゃないか」

とうとう企業を通じてイチカワさんへのクレームが入りました。

派遣担当と会って話をすると、イチカワさんは冷静にそのときの状況を振り返り、

「申し訳なかった」

と謝ります。決して悪気があって乱暴な言葉づかいになってしまったのではないと言うイチカワさんの言葉を信じ、企業にも報告してこれまで同様に継続して仕事にあたってもらうことになりました。

ところが少しするとまた同じクレームが企業から入ります。今度は別の新入社員に前回と同じような暴言を並べ、その新入社員は会社に泣いて訴えたというのです。

いくらイチカワさんがベテランでも、彼に新人や部下をあてがうのは危険と企業は判断しました。この時代ではもっともな判断です。

年配の人で年下の人にぞんざいな態度をとる人は派遣業界に限らずとても多いものですが、それは今の時代「モラハラ」や「パワハラ」などと呼ばれ、決して通用しなくなりました。

ツッコミちゃんのひとこと

CASE 24

モンペ登場

よく学園ドラマかなにかを観ていると登場する、親が必要以上にクビを突っ込んでくる「モンスターペアレンツ」。このいわゆる〝モンペ〟と呼ばれる親たちの話を見たり聞いたりしたことが、誰しもあるでしょう。

しかし子供が社会人になっても〝モンペ〟は存在しつづけています。

例えば、就業中の派遣社員がトラブルを起こしてしまい、企業や派遣会社と「やめる、やめない」といった話をしている最中に、

「うちの娘はこう言っているのにあなたの会社おかしいんじゃないですか！　どうなってるんですか!?」

そう怒って派遣会社に直接電話をかけてくる親御さんたちは時々います。

そういう家庭では、派遣社員さんたちが親のことが怖くて嘘を言っていることも多くあるので、まずは派遣会社の担当者が事細かく、「こういう経緯で今こういう状態です」ということを説明します。すると、そのときに初めて自分の子供が嘘を言っていたことに気づいた親御さんたちが

「そうなんですか。申し訳ございませんでした……」

と、さっきまであんなに息巻いていたのに一転して、平謝りすることもあります。

イズミさんと彼の母親のエピソードは、かなりキョーレツでした。

イズミさんは20代半ばの男性でしたが、彼は派遣会社登録のための面接に、お母さんが一緒について来て周囲を驚かせました。やがて派遣先が決まり、彼はある大手塗装会社で働き始めました。しばらくするとその塗装会社から、彼の母親が会社に電話をしてきたという連絡がありました。

聞くと彼の母親は、彼が勤める塗装会社へ電話をかけ、

「最近うちの息子が元気ないのですが、ひょっとして会社でいじめられているんじゃ

ないでしょうか」

とたずねてきたそうです。会社にいるイズミさんの様子を見ても元気がない感じはこれといってなく、普通に会社の人たちと談笑している姿も見られると聞きます。そのため塗装会社の人事は母親に

「確認してみましたが、そのようなことはないようですよ。ご安心ください」

と告げました。答えを聞いて安心した母親は一旦電話を切ったのですが、数日経ってもう一度、

「やっぱり元気がないので、本当はいじめられているんじゃないか、調べて欲しい」

と、今度は会社に直接訪れて訴えました。

派遣担当者は急いでイズミさんに連絡を取り、今の職場でいじめなどにあってないかを確認しましたが、やはり派遣先の人事の言うとおり、イズミさんはいじめられるどころか会社に馴染んでいて、むしろ仕事を楽しんでいました。

何度かそんなことが続き、いよいよ企業からは

「もうあの母親が出てくるのを止めて欲しい」

と連絡がありました。

イズミさんの話によると、以前不動産屋にも息子が住む部屋の条件をたくさん並べて困らせ、「家電が壊れた」「近隣の人の足音をどうにかするべきだ」など、息子を差し置いて母親の行動がエスカレートしていくのを、イズミさんが止めたこともあったそうです。

幸い、イズミさんの勤務態度はすごく良かったので、会社もなんとなく同情をしてイズミさんの契約を切ることはありませんでした。

3年経った今では、母親がわざわざ出てくることはほとんどなくなり、お母さんは息子さんからうまく子離れをしていっているようです。

ツッコミちゃんのひとこと

CASE 25

お父さん、それは脅迫です

マミヤさんは仕事中に絶対やってはいけないと注意を受けていることをやってしまい、全治3週間のケガを負ってしまいました。きちんと指導していたとはいえ勤務中のケガということもあり、労災扱いとなりました。

その日の午後、派遣会社にマミヤさんのお父さんからすごい剣幕で電話がかかってきました。マミヤさんのお父さんは造園会社の社長をされていて、地元ではいろいろと有名な方でした。受話器を取るやいなや

「うちの息子になにしてくれとんじゃあ!!」

と、オンフックもしていないにもかかわらず、大きな怒鳴り声が周囲に響き渡りました。

「いや、お父さん、あなたの息子さんは会社で『絶対にやっちゃいけない』と禁止されていることをして怪我をされた

のですよ」

なんとか状況を説明しましたが怒り心頭で、こちらの話にはまるで耳を貸してもらえません。ところが話をしていくうちに、自分が懇意にしているお医者さんに「全治2ケ月」という診断書を書かせて労災を申請するから、お前のところ（私たち派遣会社のこと）でハンコだけ押してくれればいい、と言い出しました。

本来の診断よりも1ケ月以上も多くの給料補償や治療費をもらうために、不正の片棒を担がせようとする提案です。


「いや無理です」

そう答えても
「お前が損するわけじゃないだろ、ハンコを押してくれればいいだけだから」

となかなか引き下がりません。

30分ほど同じような問答を繰り返したでしょうか。イライラの頂点に達したマミヤさんのお父さんは

「ハンコを押さないなら、お前たちの会社がしたことをみんなに言うぞ」
「出るとこ出てもいいんだぞ」
とうとう脅しに入りました。その言葉を言ってくれたら、むしろこちらとしてはほぼ決着がついたも同然です。

「はい、もちろん出るところにどうぞ出てください」
そう答えるとマミヤさんのお父さんは
「お前みたいなやつがいる会社には、息子は預けておけない。辞めさせてもらうからな！」
と捨て台詞を残して電話を切りました。

お父さん、そのご提案はそもそも脅迫ですし、それはもう犯罪です…。

ツッコミちゃんのひとこと

CASE 26

致さない人

自分に自信を持つのはとても素晴らしいことです。ですが、必要以上にプライドが高くなってしまうと、仕事をしていく上で障害となってしまう場合があります。

シバタさんは我が社に派遣登録をしてから3年になる派遣社員さんです。色々な企業を紹介しますが、毎回今ひとつ長続きしません。最近ではシバタさんに合った企業を探し出すことも難しくなってきてしまいました。

理由はシバタさんの変なプライドの高さです。

彼女は企業との面談では感触も良く、最初はわりとすぐに一般事務のお仕事が決まりました。しかし働き始めて一週間で社員さんたちとギクシャクし始めました。

ある日、会社の電話が鳴っているときに手が空いていているのがシバタさんひとりでした。しかしシバタさんは自分の契約内容に「〝電話をとる〟という業務は含まれていない」と、電話の応対を断りました。社員の人が「どうしても今手が離せないから、お願いだから電話をとって」と必死に頼んで、やっと

「とりあえず今回だけは」

と、とってくれたのですが、電話を切ってすぐ、

「その仕事は契約書にはないので、今後はいっさい致《いた》しません」

とシバタさんは一緒に働く一般事務の同僚だけでなく、直属の上司、人事部、社長、そして派遣会社の担当者にも一斉にメールを出しました。

また年末のある日、その企業では午前中の業務を終えると午後は社内全員で大掃除をし、早めに仕事納めとなるのですが、そのときもシバタさんは

「掃除は私の業務ではありません！」

とひとりだけ掃除を拒否し、仕事納めの直後の軽いお疲れ会も、

「業務内容にないので致しません！」

と参加しませんでした。まるで「致しません」が口癖の、某人気医療ドラマの主人公のようです。

他にも、会社で注文した事務用品が届いたときも、シバタさんは自分の仕事に必要なものだけを取り、それらが入っていたダンボールなどを処分することすらしなかったり、たとえ部署の仕事がどんなに忙しいときでも、有給休暇が取りたければ必ずその日に有給休暇を取ります。

こんな調子ですから、あっという間に、シバタさんと会社のひとたちとの関係は悪化しました。

契約の内容から言えばシバタさんの言っていることは確かに間違ってはいません。もちろん派遣先企業も派遣元も、契約に細かく書かれていない仕事や、有給を取る日などをシバタさんに強制はできません。

ですが、シバタさんの態度があまりにも厳しく頑なため、同じ職場のメンバーは、そのたびに彼女のせいで気まずくなり、ふた月後には契約が更新されないまま、シバタさんの仕事は終了となってしまいます。

いくら契約に書かれていないとはいえ、職場でうまく仕事をこなしていくには人間関係はとても大事です。ある程度の柔軟さや、臨機応変な対応、断り方にしても相手の気持ちを考えた柔らかい言い方が、仕事を長く続けられるコツでしょう。

ツッコミちゃんのひとこと

CASE 27

不審者かも!?

その職場は女性の数が多い製造工場でした。

エンドウさんはそんな職場で働く20代の男性です。ある日、その企業担当者から派遣会社の方へ連絡がありました。

「失礼だけどエンドウさんって、何か問題抱えてないよね?」

突然そう聞かれた派遣担当者は、いったい何のことを言われているのかわからず、

「はい健康面などに問題は抱えていないと思いますが……無断欠勤など、何か問題がありましたか?」

そうたずね返しました。

「いやー、ちょっと言いづらいんだけど……」

そう言うと担当者はその質問の理由を話し始めました。

「エンドウくんさ、いつも休憩時間に女子トイレの前を

うろついているらしいんだよね」

「え？」

担当者は耳を疑いました。

「しかも女性スタッフの方を見ながら、下半身を触ってたりするらしいんだよねー…」

これは大問題です。エンドウさんはおとなしそうな男性ですが、礼儀正しく、そんな不審なイメージはありませんでした。

「何かの間違いでは……？」

そもそもその下半身を触っていたというのも、何か特別な意図ではなく、無意識にやってしまっているクセのようなものかもしれません。

しかし企業の担当者が言うには、何人もの女性社員からそれぞれ別の機会に同じような苦情があったそうです。もしそれがエンドウさんのクセだったとしても、同じ職場で働いている人に不快な思いをさせているという事実がある以上、このまま見守るわけにもいきません。

しかし、直接たずねて関係をこじらせることは避けたい、という企業の意見を尊重して、結局はエンドウさん本人に事実をたずねることなく、他の理由による更新ナシの契約満了としてエンドウさんは会社を去ることになりました。

性犯罪はもちろん解雇が認められますが、何人かの証言はあるものの決定的な証拠がない場合、本人に伝えて問題がこじれてしまう場合もあります。こういったデリケートな問題は、特に慎重な対応が必要です。

ツッコミちゃんのひとこと

CASE 28

産休ください

派遣社員だけでなく正社員でもけっこういるのですが、手取りが減ってしまうのがイヤで社会保険に加入したくないという人は、意外と多いものです。

その企業に派遣されていたのは外国籍のキンさんという女性でした。入社の段階で社会保険に必要な書類を郵送してほしいとお願いしましたが、いつまでたっても届きません。ひと月経ってふた月経って……催促の連絡を入れるたびに

「明日送ります」

とは言うのですが、何も送られてこないので、とうとう担当者が痺れを切らしてその理由をたずねてみました。

すると彼女は

「社会保険に入りたくない」と言います。

さらに理由をたずねると
「税金を引かれたくない」

とのこと。短期の契約でしたらともかく、3ケ月以上だと社会保険に加入することは国の法律で義務付けられています。

国のきまりで社会保険に入らなければならないことを丁寧に説明すると、彼女はやっと書類を送ることを了承したので、その日はそのまま電話を切りました。

ところがその5日後のことです。キンさんから突然「妊娠しました」と連絡が来ました。まずは「おめでとうございます」と伝え、今後の仕事をどうしようか話し合おうとすると、彼女は続けざまに「産休を取りたい」と言ってきました。

社会保険に入っていないと産休を取ることはできません。そう伝えると彼女はどうしても納得せず、「働いていたのは事実なのだから産休を取る権利が私にはある」と主張します。どこまで行っても話は平行線です。

一向に話が進まないことに腹を立てた彼女はすぐさまユニオンに駆け込みました。ユニオンとは会社内にある労働組合ではなく、その地域の同じような業種の労働者が集まって組織する、企業の枠を超えて労働者を支援する「労働組合」のことです。
すぐにユニオンから派遣会社にも連絡がありましたが、「社会保険に加入はしたくない、でも産休手当は欲しい」そんな無理な要求は通らないということを伝えました。
意外にも、彼女がユニオンに駆け込んでくれたことが幸いして、派遣会社からだけではなくユニオンからも彼女を説得してもらうことができました。

結局彼女はしぶしぶながらも社会保険料を遡って支払うことに了承し、無事、産休手当を手にしました。ですが最初に加入して毎月支払ってきた方が、遡って支払うよりも本人の金銭的ダメージは小さく済んだはずです。

ツッコミちゃんのひとこと

CASE 29

脅迫のつもりが…

コイケさんはその工場ではもう1年以上働いている派遣社員でした。コイケさんの他に、後から5人のスタッフが私たちの派遣会社から派遣されており、コイケさんは彼女たちの指導もしていました。

そんなコイケさんがしばらく勤めた年の暮れ、工場の業績が思わしくなく、業務縮小のために派遣社員の人数が半分に減らされることになりました。

ちょうどコイケさんがその年末で契約満了を迎えるということになっていたので契約更新はされず、コイケさんは工場が半分に減らす派遣社員のうちの一人になりました。

慣れた職場を去るのはなかなか辛いものです。コイケさんの希望はもちろん契約更新でした。コイケさんにとってみればそこは働き慣れた仕事場であり、仲間の派遣社員の誰よりも自分が仕事を分かっているという気持ちがあったと思います。どうにか契約延長をしてもらえないかと担当者に訴えました。

企業側からしてみれば、まだ契約期間が残っている派遣社員たちをそのまま雇った方が、手続きなども複雑にならないと考えたのです。

派遣会社からは次の仕事をいくつか紹介して、なんとかコイケさんを説得しました。条件も今まで働いていた工場と同じ、もしくはそれ以上の条件の仕事を紹介してみたのです。

しかしコイケさんはそれから一切電話に出てくれなくなりました。職場には変わらず通い、とうとう最終日を迎えましたが、年が明け、派遣担当者が留守番メッセージを残してもメールを出しても連絡はなく、紹介していた案件などについても心配していたある日、コイケさんが同じ職場で働いていた数人を連れて会社にやってきました。

「私はまだ働いていたいのに、会社に不当に解雇された。すぐ元の職場に戻してくれないと、労働基準局に訴えてやる！」

それがコイケさんの主張でした。担当者だけでなくその上司も一緒になってもう一度詳しく状況を説明しました。しかし頑として受け入れる様子はありません。あまりにも納得してもらえないので、最後には

「こちらはきちんと対応しているつもりですので、労働基準局でも同じことをたずねてみてください」

そう伝えるしかありませんでした。

あの様子では、きっとそのあとすぐに労働基準局に出向いたか、連絡でもしたのだろうと思います。案の定、コイケさんからはその後、なんの連絡もありません。

ツッコミちゃんのひとこと

CASE 30

なにもしない人

こんなエピソードもあります。

建築会社の事務社員として入社して2ケ月経ったカワカミさん。派遣会社の担当者はカワカミさんがなんの問題もなく業務にあたっていると思っていたのですが、それでも一応彼女の働きぶりを会社の人にたずねておこうと思い、その建築会社に電話を入れました。

すると電話口に出たその建築会社の社長が

「彼女は仕事をやる気がないのかな」

と言うのです。詳しく聞いてみると、ここ2週間ほどのカワカミさんは、朝はきちんと定時に出社するものの、自分のデスクに座ってからボーッとしたまま何もしていない時間が多いのだと言います。その話を聞いた担当者はカワカミさんを呼び出して、理由をたずねました。するとカワカミさんは不満を話し始めました。
長く話をしてみましたが、担当者が冷静に聞く限り、いろいろと非があるのは、会社よりもむしろカワカミさんの方という印象です。
そんなある日、出社してから雑誌をパラパラめくったり、スマホをいじってみたりで、仕事を何ひとつする気配のないカワカミさんに、とうとう堪忍袋の緒が切れた社長は
「仕事をする気がないんだったら帰れ！」
と、叱りつけました。するとカワカミさんはそのまま帰る支度をして、本当に自宅に帰ってしまいました。すぐに派遣会社の方には連絡がありましたので、担当者からカワカミさんに連絡をすると彼女は
「社長に『帰れ』と言われたから帰りました。私は何ひとつ悪いことをしていません」
の一点張りです。ここまで関係がこじれてしまうと、もう修復は無理そうです。結局2週間ぐらいやり取りをして契約終了となりました。

派遣社員とはいえ、仕事に就くのは簡単なことではありませんから、条件に合う仕事が見つかったら、よほどの事情がない限り「できるだけ長く働きたい」と考えるのが普通です。ですが、ごくまれに派遣社員さんの中にはクビになりたいと考える人もいます。クビになりたい理由として考えられるのは、自分から辞めたいと言いづらかったり、失業保険を早くもらいたい、などなど。

カワカミさんは契約解除にされてから、すぐ必要書類を請求してきました。おそらく失業保険を早くもらいたかったから、クビになるように自分で仕向けたのでしょう。

もちろん私たち派遣会社の方からカワカミさんに次の仕事を紹介することは、もうありませんでした。

ツッコミちゃんのひとこと

クビに仕向けるより、
自分から辞める方が
簡単なのに…

CASE 31

辞めたかったんじゃなかったの!?

ソウマさんはその企業で働いてひと月ほど経ったあたりから、同じチームにいる正社員の同僚が他の部署に移ってしまい、職場環境が一変してしまったことに不満を感じていました。

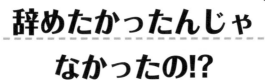

異動した同僚はソウマさんと同じアイドルが好きだったりと、仕事中に共通の趣味の話題で盛り上がったりしていたのですが、仕事がおろそかになるほどのおしゃべりを見ていた上司が対策として配置換えをしたのです。

そこからその上司ともギクシャクしてしまったソウマさんは、その会社を辞めたいと頻繁に口にするようになっていました。ソウマさんから派遣担当者に連絡が来ると、大体がその上司についての話でしたが、業務に対する理不尽というよりは、上司の服装や目つき、その日の会話が気に入らないなど、ただの悪口や愚痴がほとんどになっていました。

もうソウマさんにこの職場で働き続けることは無理だと判断した担当者は、ソウマさんに今の仕事を辞めたいかたずねてみました。

「すぐにでも辞めたい」

とのことで、来月いっぱいでソウマさんの契約は終了するということで、ソウマさん本人と企業に了解を得ました。

それからソウマさんは契約終了の日に向けて普通に働き、その期間にも例の上司とぶつかることが何度かありながらも、派遣期間を無事終了しました。

ところがしばらくして、派遣会社にソウマさんがやって来ました。

「私は辞めたいなんて一言も言っていない。クビにされた」

そう担当者に言うのです。

担当者の話を聞いてみても、確かにソウマさんの辞めたいという意志のもと、契約終了の話を進めたと言います。それについては同席していた別の新人担当者も同じ認識でいました。

しかし何度説明をしてもソウマさんは

「私は仕事を続けたかったのに」

と言って聞きません。それにしても、ソウマさんがその職場を辞めてからすでに一週間以上も日数が経っています。その間に一体何があったのでしょうか。

やがてすぐにその理由がわかりました。おそらく、ソウマさんは辞めてすぐ失業保険を申請しようとしたのでしょう。ところが期間満了や本人の意思による退職については、すぐに失業保険は給付されません。会社による都合で退職となった場合にだけ、すぐに失業保険が下りることを誰かから聞いたのでしょう。

何度話しても埒《らち》が明かないと思ったのか、ソウマさんは強行手段に訴えました。派遣会社のビルの前に街宣車を呼んで、大音量で

「不当解雇を撤回せよ!」

と街宣を始めたのです。しかも周辺でビラまで撒き始めました。これには正直参ってしまいました。

幸い知人の弁護士に相談してユニオンへの警告文を送付してもらったところ、活動はすぐにおさまりました。

ツッコミちゃんのひとこと

CASE 32

警察のご厄介

クドウさんは製造工場に勤める真面目な派遣社員さんでしたが、お酒を飲むのが大好きで、毎日のように会社帰りに行きつけの飲み屋に寄っていました。

お酒を飲むのが好きなことは別に構いませんが、実はクドウさんは一度飲み出すとグデングデンに酔っ払うまでお酒を止めることができない人でした。典型的な「お酒に飲まれてしまうタイプ」です。

案の定心配した通り、泥酔したクドウさんはその行きつけの居酒屋で大暴れをして警察に通報されてしまい、警察署に連れて行かれることになりました。

クドウさんは未婚の一人暮らしで、両親は東北で暮らしていました。それほど親しい友人もいなかったようで、身元引受人として呼ばれたのは私たち派遣会社の担当でした。

警察から電話をもらってびっくりした派遣担当者は、慌てて警察署に向かいました。警察署にたどり着くと、そこにはすっかり酔いが覚めて青ざめたクドウさんがうなだれて座っていました。

幸いにもケガ人などは出なかったので、クドウさんは後日お店に謝罪に行き、自分が壊したお店の備品などを弁償しました。

そしてもう一人、清掃会社で働く20代の男性派遣社員、ヤマサトさんのケースです。

彼はある社員さんと、仕事の優先順位に関する意見の相違でかなり険悪な感じに揉めてしまい、それが理由で仕事を辞めてそれきり連絡がとれなくなってしまいました。

それから半年後のある日、なんとヤマサトさんは強盗事件で捕まりました。

彼は休日になると留守にしている家をターゲットにして、空き巣を繰り返していたそうです。その頃の彼はすでに別の会社で仕事をしており、いつから犯罪に手を染めていたのか、知るよしもありません。清掃会社で険悪になって辞めるまでのヤマサトさんは、勤務態度もマジメで〝しっかりした青年〟といった印象でした。事情聴取にやってきた警察の言葉に、ただただ驚くばかりでした。

このように派遣社員を何人も抱えていると、中には普通の人が一夜にして犯罪者になった……なんて、警察のご厄介になる派遣社員もチラホラいます。

ヤマサトさんのときも警察の方が派遣会社に訪れ、彼のことをいろいろ聞いて帰りましたが、こういうことにはあまり慣れたくありませんね。

ツッコミちゃんのひとこと

SIDE B

トンデモ企業　編

トンデモ派遣ちゃん

CASE 33

会社の基本です

SIDE Aでは派遣社員による「トンデモエピソード」をご紹介しましたが、もちろん派遣先企業にもとんでもないエピソードはたくさんあります。

2年ほど前に派遣法が変わってから、悪質な企業はだいぶ減りました。今回の話はその派遣法がまだ変わる前、悪質な企業がまだたくさんあった頃のお話です。

みなさんは「最低賃金」という言葉をご存じですか？

「最低賃金」とは、雇う人が働く人に支払わなければならない賃金の最低額を定めた制度です。

私が派遣会社を立ち上げてすぐの頃、求人の依頼をくれた企業が出した条件を見てみると、最低賃金を平気で下回っているということがよくありました。

「それは国で定められているので、この条件ではお受けすることができません」

と答えても、その企業の社長さんは
「でもこの金額ぐらいの仕事内容だから」

と、まるで気にしません。結局その話はお引き受けせずに終わってしまいました。

例えば最低賃金より安い賃金で人を雇おうとして、雇われる側の人も了解した場合でも、法律でそれは無効とされます。もし雇い主が働く人に払ったお給料が最低賃金に足りていない場合には、雇い主はその差額を払う必要があり、それをしないと法律で罰せられてしまいます。

同じように「社会保険」も同様に、国が法律で強制加入を義務付けている制度です。

例えば社員が拒否をしても、その社員が働いた時間が社会保険に加入する条件に当てはまっていたら、雇っている会社は社会保険の加入手続きをしないといけません。

「社会保険に加入したくないんだけど」

という企業の正社員や派遣社員はいまだにちらほらいますが、昔は会社自体が「社会保険に加入させたくない」ということも結構多くありました。

本来、派遣社員の社会保険は派遣元である派遣会社で払うのですが、ある日、「派遣社員に社会保険に入らせなければ、うちの会社が払う派遣社員の費用をもっと安くできるに違いない」と勘違いした派遣先の企業が、

「派遣社員への社会保険の加入をさせないでくれ」

と希望してきたのです。

もちろんそんなことはできないので説明しましたが、結構とんでもない要望を普通に言ってくる会社が多い時代でした。

ツッコミちゃんのひとこと

CASE 34

治療費は払うから

　もう今はなくなってしまった企業ですが、その企業は自社で抱えるプレス工場で多くの派遣社員が働いていました。

　アキヤマさんが働いている班は作業効率を上げるために、プレス機の安全装置を外し改造して使用していました。そのため部署では事故を起こさないようにと、仕事前には班長から何度も念を押されながらプレス機操作の順序を繰り返し教わっていました。

　しかしアキヤマさんはたまたまその日、班長に教えられていた順序を守らずに作業を行ってしまい、結果、恐れていたことが起きてしまいました。プレス機に手を挟んで全治2ケ月の傷を負ってしまったのです。

派遣担当者が企業に出向くと、到着するやいなやその企業の担当者がアキヤマさんと派遣担当者に頭を下げて、

「労災を適用しないでくれ」

そう口にしました。

「治療費は全部会社で負担するので、どうか示談で済ませてほしい」

企業側の担当者は続けてそう頼み込んできました。

労災を適用すると労働基準局が来てしまうので、プレス機を改造して安全装置を外して作業させていることがバレてしまいます。そうすると企業には罰金が課せられるか、あるいは最悪の場合、会社をたたまなければならなくなるかもしれません。

その危険を避けるために、企業側はアキヤマさんに示談をお願いしたのでした。

派遣担当者はアキヤマさんとよく話し合い、結局アキヤマさんは示談に応じることにしました。企業はアキヤマさんの治療費と、アキヤマさんが職場で働けない期間の賃金も全額負担し、２ケ月後アキヤマさんは同じ職場に復帰しました。

ツッコミちゃんのひとこと

CASE 35

クビになったんじゃなかったの？

中小企業の縫製工場で働くイマダさんは、仕事ぶりもよく、企業からの評価も上々の20代後半の女性です。

同じ部署のリーダーや社長からも、とても評価が良かったイマダさんですが、ある日突然、社長直々に派遣会社へ

「あのイマダという派遣社員をクビにしてほしい」

という電話がかかってきました。

ずっと評判が良かっただけに、いったい何か事件でも起きたのかと担当者はびっくりしてたずねました。しかし、

「大きな問題が起きたわけではないが、仕事でミスが増えた」

とだけ社長は言うと、具体的な話は聞けないまま、電話は切られてしまいました。

まだイマダさんの派遣期間は2ケ月ほど残っていましたが、イマダさんのミスが多いと繰り返し訴えられ、仕方なくその理由を話してイマダさんも了解のうえ、社長の主張通り半ば強引にイマダさんはクビとなってしまいました。

それから2週間ほど経ったある日のこと。派遣会社の営業担当が新たな派遣社員の雇用をどうかとうかがいに、その企業を訪れました。

時刻はちょうど10時の休憩で、工場の入り口ではそこで働く社員さんたちが固まって休憩を取っていました。その中に見覚えのある顔が……。

なんと2週間前にクビになったはずのイマダさんがそこにいたのです!!

営業担当に気づいたイマダさんは慌てて工場内に入ってしまいましたが、企業がイマダさんを引き抜いて直接雇用をしていたのです。おそらく派遣会社に派遣料金や紹介料などといった余分なお金を払いたくないので、そのような手段を取ったのでしょう。

優秀な人材を雇いたいのはどこの企業も同じですが、派遣社員を契約期間中に引き抜いて直接雇用することは、タブーとされています。営業担当はもちろん企業にクレームを入れましたが、イマダさんについてはそのまま直接雇用に切り替わったまま、その後はどうなったか分かりません。

もともと我が社で抱えている派遣社員さんたちを、相手先の企業に高く評価していただいて正社員に欲しいと言ってもらえることは、我が社としても大変嬉しいことではあります。しかし、引き抜かれるということは、その派遣会社が才能ある財産をひとつ失うということでもあります。本来は直接雇用に切り替える場合には、契約期間を無事終えている必要があります。そのうえであらたに直接雇用したいという要望があれば、企業から派遣会社に紹介料を支払うのが一般的となっています。

もし取引先企業がきちんとした会社ならば、派遣元ときちんと話をしてスジを通してくれるので、そういう会社は派遣社員を直接雇用に切り替えてからも、安心して働ける会社だろうなと思います。しかしそこには時々落とし穴があることを知っておいてください。直接雇用と一口にいっても、それが正社員とは限りません。契約社員かもしれないし、アルバイトやパートとしての直接雇用かもしれないのです。場合によっては直接雇用になって、お給料が下がってしまうというケースも出てきます。ですが、そのときに守ってくれる派遣会社のような存在は、もうありません。

きちんと手続きを踏んでくれる企業さんには、こちらとしてもより良い人材を紹介したり、良い派遣会社として長くお付き合いできるよう誠心誠意対応させていただくので、結果、働く人にとって良い条件を提示してもらえることもあるのです。

ツッコミちゃんのひとこと

幻!?
あれ？
クビになった人がなんで
この会社にいるの！？幻？

CASE 36

この時代、給料手渡し!?

その企業は、タイムシートで派遣社員たちの就業時間を管理していました。そこに勤めるコイケさんは遅刻や欠勤もなく、真面目な働きぶりが企業からも評価されていました。

しかし働き始めてひと月すぎた頃から、なぜかコイケさんの欠勤が目立ってきました。

最初の月は3日、次の月は5日……不思議に思った派遣の担当者は、コイケさんが朝、お休みするという連絡をしてきたその日に、最近のコイケさんの勤務態度はどうかたずねようとコイケさんが働く企業に足を運びました。

その勤務先はわりと小さな職場なので、働いている社員の姿がそのまま見えます。コイケさんが休みの日の今日こそ、気まずい思いもなく今の状況を聞くことができると思ったのです。受付を済ませると、出てきた担当者の様子が少しおかしいことに気づきました。事務所に目をやるとそこにはコイケさんの姿が見えました。

「あれ、今日休みじゃなかったんですか？」

コイケさんに声をかけると

「あ、えーと、、体調が良くなったので…やっぱり出てきました。すみません」

と、今ひとつ歯切れが悪い返事が返ってきました。

（おかしいな……）

そう思いながらも担当者にコイケさんの話を聞くと、あんなに欠勤が多いにもかかわらず、コイケさんの評判は変わらずに良い感じです。

ずっとなんとなくおかしいなと思っていた担当者は、その日の夕方、コイケさんに連絡をしてみました。よくよく話を聞くと、コイケさんは

「すいません……」

と謝り、真相を話し出しました。

実は派遣会社に仕事を休むと連絡してきたその日もこれまでも、コイケさんは欠勤と申告した日はいつも通り出勤して仕事をしていたそうです。派遣先の企業からそうお願いされて、コイケさんは派遣会社に欠勤届を出していました。

「その日に働いていた分のお給料はどうしたの?」

とたずねると、なんと後日まとめて手渡しでもらっていたと言います。

企業は派遣会社に派遣料金を払うのがイヤで、コイケさんにそんな話を持ちかけたのでしょう。コイケさんとしてはもらう金額は全く変わらないので、痛くも痒くもありません。言われるがままにその日休んだことにして、休んだ分のお給料は企業から直接払いでもらっていました。

コイケさんには厳重に注意し、派遣先企業にも謝罪をいただき、申告を修正してもらいましたが、トンデモナイ企業もあるものです。

ツッコミちゃんのひとこと

CASE 37

〝ただ働き〟も束になると

派遣社員さんが働いた分のお金をケチり、労働力をしぼり取る〝トンデモ企業〟があります。

派遣社員が労働するときには、「最小時間単位」が決められます。派遣先によってその単位はまちまちですが、5分単位のところ、10分単位のところ、15分単位のところ、30分単位のところなどがあり、大体が5分や0分といったキリのいい単位で設定されています。

たとえば朝8時が始業時間だとして、その日遅刻をして8時3分に会社に到着した場合、着いた時間は同じでも最小時間単位が5分の会社は「8時5分から仕事を始めた」という扱いになり、30分単位のところは「8時30分から仕事を始めた」という扱いになります。

仕事終了についても同じように、たとえば午後5時が終業時間で5時6分で仕事を終えた場合、5分単位の場合は5分の残業となり、30分単位の契約だった場合にはその6分は時給としてカウントされないので働かなかったことになり、5時ちょうどに仕事を終えたことになります。

ナミカワさんの働いていた製造工場は、30分単位の契約でした。ナミカワさんは遅刻など一切しない人で、タイムシートを見る限りは、毎日朝8時から定時の5時きっかりに仕事を終えているようでした。

そんなある日、ナミカワさんと話して驚くべき事実が発覚します。その企業は毎日部署のリーダーの言いつけで、5時25分まで全員が強制的に働かされるそうです。その時点でタイムカードを押せば5時まで働いたという扱いになるので、会社はひとりにつき25分ぶんの労働をタダで得ていたのです。

いくら契約通りとはいえ、毎日25分間もタダ働きで残業をさせられる……これはあまりに悪質です。早速企業側に申し立て、就業時間もしくは契約の時間単位を改善してもらえるように交渉しました。

翌日から会社はナミカワさんをはじめ、他の全員にサービス残業をさせることはなくなりました。

別のケースでは、派遣されているスタッフ全員が毎日1時間の残業をしているにもかかわらず、会社は定時に全員のタイムカードをまとめて勝手に打刻するというウソの申請を行っていました。

こちらは明らかに違法なので、毎日正しい勤務時間を記録していたスタッフのメモなどをもとに、さかのぼって差額分を請求することにしました。

多くの派遣スタッフの証言で、労働監督基準局がやってくることを恐れた企業が、その後すぐに支払いに応じて、待遇も改善したのは、ご想像の通りです。

ツッコミちゃんのひとこと

CASE 38

会社の派閥に巻き込まないで

ミヤモトさんは家族経営をする小さなメーカーに派遣されました。そこでは60代の社長と専務を務める30代の息子が会社を束ねていました。

ミヤモトさんは働き始めてから気づいたのですが、どうも社長と専務の関係があまり良くないようです。働いて一週間もしないうちに、ミヤモトさんは何人かの同僚からいじめられるようになりました。それと同時期に、数人の同僚からは逆にとても優しくしてもらうようになりました。

ミヤモトさんは戸惑いました。

ミヤモトさんは社長周りの仕事をすることが多く、社長にはとても良くしてもらっていました。ミヤモトさんに優しく接してくれる社員は、みんな同じように社長の周辺の仕事をしているスタッフたちでした。

一方、息子である専務は自分が担当する仕事に携わるスタッフたちだけを可愛がり、一緒にランチに連れて行ったりしていました。ミヤモトさんにきつくあたるスタッフたちは、その専務についているスタッフたちでした。

その会社は社長と専務、それぞれをボスとして敵対する二つの派閥が出来上がっていたのです。

とはいえ同じ社内ですから、相手の派閥に全く接することなく仕事を進めることは不可能です。ミヤモトさんが敵対する派閥の一人に仕事に必要な書類のありかをたずねたとき、奥に座っていた専務が聞こえるような声で

「そんなの無視していいから。こっちの仕事先に行って」

と指示を怒鳴りました。すると次の瞬間、目の前にいるスタッフはふいっと顔をそむけ、あちらに行ってしまいました。

また別の機会には、専務の派閥に属するスタッフが休憩時間にこちらの部署へ備品を運んできましたが、社長はそのスタッフの服装についての悪口を、本人に聞こえるように自分たちの派閥の子たちに話しています。どちらもまるで子供のイジメのようです。

もともと〝派閥〟などといった人間関係が面倒くさくて「派遣社員」という立場を選んで働いていたミヤモトさんですから、そもそも自分が社長の派閥に属することになるとさえ思っていませんでした。

仕事終わりには社長と専務それぞれの派閥のボスが、それぞれの派閥のスタッフたちを誘って飲み会が開かれ、それもほぼ強制参加です。

やがてミヤモトさんは業務より人間関係に疲れてしまいました。ミヤモトさんから派遣会社にこの一連のできごとの報告があったので、私たちはすぐに細心の注意を払ってそれとなく先方に話を聞いてみました。くわえてほかの企業を例えに出して、「派閥が敵対することで起きるデメリット」を社長と専務同席の上、世間話として伝えてみました。

ミヤモトさんにその後の様子を聞いてみたところ、以前より少しはマシになった気がしなくもない…という報告がありましたが、これまで長い年月をずっとその派閥争いの状態で経営してきたので、たった一回の例え話で状況がきれいさっぱりと改善されるはずはありません。

結局ミヤモトさんは肝心の業務より人間関係に気を使わなければならないことに疲れてしまい、３ケ月で契約を終了しました。

ツッコミちゃんのひとこと

シゴトよりハバツの方が
エネルギーいるわー

CASE 39

何ハラ？

トンデモ企業には、「言葉の暴力」についてのトラブルがとても多いのものです。

とくに、私たちの派遣会社の取引相手は、製造業をされている職人さんたちがたくさんいる企業が多く、そうするとどうしても〝職人気質〟といいますか、語気が荒くなってしまう社員さんも多くいます。そうすると

「馬鹿野郎！」

「やめちまえ！」

といった乱暴な言葉は、日常茶飯時です。

また、最近では派遣スタッフの相談内容としてハラスメントについての問題が増えていますが、長い間、社員さんが入れ替わることがなく家族経営などを続けてきた昔なが

らの企業には、ハラスメントについての意識がまだまだ低い企業もたくさんあります。
もちろん大企業でも昔ながらの男性社会の気質が残っている会社などは、個人的にハラスメントの知識や意識がリニューアルされていない社員の人もたくさんいます。

20代の女性派遣スタッフ・ヤマダさんは、ワンマンの社長が経営するわりと大きめの企業で働き始めました。その職場は全体的に年齢層が高く、男性社会の名残のようなものが残っている会社でしたが、年配の男性社員がヤマダさんに話しかけてくるときや通り過ぎるときに、やたらボディタッチが多いことが気になっていました。また、世間話などに下ネタばかりを盛り込んできたり、飲み会や食事に多く誘われるようになりました。

ヤマダさんからのヘルプを受けて、派遣担当者が企業にその話をしました。すぐにその年配男性社員のボディタッチはなくなりました。下ネタ話はゼロにはならないものの、直接ヤマダさんにはしてこなくなり、同僚の社員と聞こえるように話す程度には減りました。しかしその代わりに今度はヤマダさんに対して、いじめのような嫌がらせが始まりました。ヤマダさんがミスをすると執拗にヤマダさんを叱り、

「派遣だから、仕事がいい加減だ」

とか

「若いから親の躾《しつけ》がなっていない」

といった暴言を、他の社員の前でぶつけてくるようになりました。

セクハラから始まり、パワハラ、モラハラ…。

ハラスメント満載のその男性社員は、派遣担当者の助言により、他の部署へ異動させられてしまいました。

ツッコミちゃんのひとこと
ハラスメントの
宝石箱や〜

CASE 40

派遣は クレジットカード？

まだ派遣会社を始めたころにたった一回だけ、相手先企業が倒産してしまい、派遣社員さんたちに払う予定の賃金を支払ってもらえなかったということがありました。派遣社員は倒産した派遣先ではなく派遣した私たち派遣元に属しているため、派遣先から支払われなかったお給料は、私たち派遣会社で負担することになります。

いくつもの企業を見ていると、経営状態があまり芳しくないなと思うような企業もちらほらありますし、だんだんとそれがなんとなく分かるようになります。

（経営状態があまり良くないな……）

と分かるポイントはいくつかありますが、一番分かりやすいのはやはり派遣会社への支払いが滞り始めたときです。

キタさんとクサノさんが働く卸売製造の企業は、二人が仕事に就いてからたて続けに2回支払いが遅れました。そしてとうとう3回目の支払い。期日になっても支払いはされません。大体このような企業に担当者が電話で連絡すると、相手がバツが悪い場合、居留守などを使われて電話に出てくれないことがよくあります。

派遣社員の賃金は正社員の賃金とは違い、ひと月あるいはふた月遅れての振込になります。つまり「人手は必要だけれど、それにかかる人件費の支払いは遅らせたい」ために、わざわざ派遣を雇うというトンデモナイ企業があります。キタさんとクサノさんが派遣されたのは、まさにそういった企業でした。

とりあえずキタさんとクサノさんのお給料は我が社から支払いました。最初にお話ししたように、過去に一度、倒産で賃金を払ってもらえなかった経験があるので、二人の賃金も支払わず電話にも出てくれない企業へ直接行き、社長の高級車を差し押さえてもらいました。その効果があったのか、賃金は分割できちんと支払ってもらいました。二人の契約をもう一度整理しなおすことももちろん忘れませんでした。
その会社はしばらく経営を続けていましたが、今はもうありません。

その頃の経験を生かして、今はもう
（たぶんこの会社は経営状態があまり芳《かんば》しくないな……）
と思う企業とはお取引はせず、支払期日が一日でも遅れたら取引は停止。兆候が見られたときは、すぐにその企業の信用調査を行うようになりました。
また、派遣社員たちの契約期間を短めに設定していつでも引き上げられるようにするなど、前もって打てる手はすべて打つようにしています。

ツッコミちゃんのひとこと

CASE 41

2年前にもありませんでした？

派遣会社も長く経営していると、同業種の方々のお話もよく耳にするようになります。これは同業の人と懇親会があったときに注意喚起のために聞いたお話です。

「ゾンビ企業」という言葉がありますが、ゾンビ企業というのは一般には経営がすでに破綻しているにもかかわらず、国や銀行の助けによって存続している企業のことを言います。

しかしそのゾンビ企業よりもゾンビらしい会社が存在します。

起業して最初の2年くらいは売上が1千万円を超えない場合には消費税が非課税になるのですが、この仕組みを悪用した会社がありました。

立ち上げて半年ほどのその会社は、優秀な人材を求めて知人が経営する派遣会社に依頼をしてきました。そこで知人はその会社に二人の女性スタッフを派遣しました。

何事もなく就業が続いたある日のことです。

「一身上の都合で」

とその会社の社長は会社が解体するという事実を、突然知人の派遣会社に連絡してきました。派遣社員との契約も当然そこで終了となります。

(社長や社長のご家族の体調でも悪いのかな)

なんとなくそう思って、解体のための派遣終了を了解しました。契約終了の期日はスタッフが派遣されてから1年半。その企業が会社を立ち上げてから約2年という月日が経とうとしていました。

その企業が解体してからしばらくして、また2名のスタッフを派遣してほしいという企業が現れました。派遣担当者がその会社に挨拶に伺うと、どこかで見た顔です。

その担当者は少し前に解体したあの会社の取締役でした。

「実はまた仕事を再開したんです」

と、その経営者は言いました。

そこで知人が新しいスタッフを2人派遣すると、またその会社は起業から2年ほどして、会社を解体するという連絡を派遣会社にしてきました。

そして2度目の会社の解体後、信じられないことにまたしばらくして同じように新たに立ち上がった会社から求人の連絡が来たのです。取締役はやはり前の二つの企業と同じ人物でした。

これまでの会社のときも派遣会社への支払いが遅れたことは一度もないのですが、さすがにどうかと思った知人は、その後この人物の会社からの求人は断ることにしました。

しばらくしてその人物は、起業と解体を繰り返したことがバレてしまい、脱税の罪で捕まりました。

知人が営む派遣会社と私たちの派遣会社は同じ地域にあるので、その企業の依頼が我が社に舞い込んできた可能性だってありました。

我が社は被害に遭わず幸いだったとも言えますが、悪質な会社は私たち派遣会社だけでなく、抱えている派遣社員の方にも被害が及ぶことになるので、これからも気をつけなきゃなあ、としみじみ思います。

ツッコミちゃんのひとこと

CASE 42

閉店ガラガラ

時として、こんなアクシデントに見舞われる場合があります。

アリタさんは建築会社に勤める29歳の女性です。条件もわりと良く家からも通いやすいとあって、アリタさんは毎日その会社で一生懸命仕事をしていました。社長と経理の奥さまをはじめ、数人いる職場の人もいい人たちばかりで、アリタさんはすぐにその職場が好きになりました。

2ケ月ほど勤めたある日、朝アリタさんが会社に行ってみると、会社のシャッターが閉まったままです。

アリタさんはわりと早めに出社していましたが、いつも一番早くに会社に来てシャッターや扉を開けておいてくれるのは同じ事務の方でした。ですから、

（まだ今日は来ていないんだ、体調不良とか、何かあったのかな？）

と、まだ来ていない事務の人のことが心配になりました。それでも他の社員がすぐ後から来るに違いないと、アリタさんは会社の前でしばらく待つことにしました。しかしその後いくら待っても、社員さんはひとりも現れません。当然会社に連絡をしても誰かが出るわけもありません。とうとう始業時間が過ぎてしまいました。

アリタさんは派遣担当に連絡をし、担当者がすぐにアリタさんが働く会社にやってきました。派遣担当も会社に連絡を入れ続けましたが電話は通じません。仕方がないのでアリタさんと担当者はいったん派遣会社に戻りましたが、その日は連絡がつかなかったのでアリタさんは自宅に戻り、翌日はとりあえず自宅で待機となりました。

翌日になってやっと、その建築会社が夜逃げをして、もうすでに会社にはほとんど何もないということが分かりました。

ほかの社員たちには一昨日の晩に

「申し訳ない」

とひとこと連絡が社長から入ったようですが、営業時間外だった派遣会社と個人の電話番号を知らないアリタさんへの連絡は後回しになってしまいました。

他の社員もアリタさんの個人的な連絡先は知らなかったので、連絡をして来なかったというのもありますが、アリタさんへの連絡もきちんと済んでいると思っていたようです。

アリタさんの働いた分のお給料は、当然派遣会社から支払われましたが、経営は以前から悪化していて、唯一それを知る社長が、図面だけ持って夫婦そろって夜逃げしてしまったのです。

「せっかくいい職場だったのに……」

とアリタさんはがっかり肩を落としていましたが、彼女の人柄は次の会社でも認められ、今は楽しく毎日仕事を頑張っています。

ツッコミちゃんのひとこと
まさかの
もぬけの殻!!

CASE 43

詐欺に巻き込まないで

こんなケースもあります。私たちの派遣会社に登録に訪れた20代の女性で、ホリエさんという方がいました。なんでも彼女は前の派遣会社でとんでもない目に遭って仕事を失い、ちょうどわが社の求人広告を見てやって来たそうです。そんな彼女に起きた前の派遣会社での出来事は、こんなものでした。

その派遣会社ではコールセンターに20代の女性を何人か派遣していました。そのうちの一人がホリエさんでした。派遣されたその企業は、もともと中高年に向けた学習用通信教材を売っている企業でした。

「コールセンター」というのはその名の通り、電話を通じてお客様とやり取りをする業務です。社内には30人ほどの女性が別々の派遣会社から派遣されていて、みんながそれぞれ商品の営業電話をかけていました。

いわゆるノルマのようなものはまったく厳しくなく、ホリエさんは毎日配布されるリストに記された電話番号へ電話をかけ、その教材の素晴らしいセールスポイントを電話口で説明しました。

1年ほど業務を続けたある日のことです。派遣会社の方へ業務時間中にホリエさんから動揺した電話がかかってきました。

聞いてみるといつものように出勤して業務をこなし午後に差し掛かったころ、警察が突然会社にやってきて社長や上司を連れて行き、その日の業務は急遽取り止めになったという連絡でした。

その社長はそのまま逮捕されましたが、罪状は詐欺罪。

その会社は詐欺で訴えられ、結局その後は業務どころではなくなってしまいました。

ホリエさんも事情聴取を受けましたが、そこで働いていた派遣社員たちは、誰ひとりとして就業中にその会社を怪しいと思うことはなかったそうです。会社に苦情の電話などがかかってきたこともなかったそうなので、おそらく商品の問い合わせ先は全く別の住所や連絡先が使われていたのでしょう。

ホリエさんはいくら派遣された身とはいえ、ワケも分からず詐欺の片棒を担がされていたことにしばらくのあいだ落ち込んでいました。わが社で紹介した別のお仕事をするうちに、やっと前のような元気を取り戻したようです。

それにしても多くの人たちをだますのはもちろん、派遣さんたちを詐欺事件に巻き込むなんて、トンデモナイ企業です。

ツッコミちゃんのひとこと

CASE 44

見下す社長

アルバイトも派遣社員もそして正社員も、同じように真面目に働くという意味では、上も下もありません。ですが、これだけいろいろな働き方が現れたこの時代になっても、まだ派遣社員を見下す企業の人も中にはいます。

シンカイさんは、とある中小企業の経理事務のお仕事が決まりそうで、さっそく営業担当者と一緒に面談に行きました。出てきた社長は豪快に笑う人で、他の会社員たちはいかにも社長の言いなりといった印象でした。

このままスムーズに行けば、面接を終えてすぐ週明けからシンカイさんはその会社で働き始める予定でした。しかし問題は面談中に起きました。その企業の社長が笑いながらこう口にしたのです。

「小学生でもできる仕事だから、あなたみたいな人にはピッタリじゃないかな」

一瞬耳を疑いましたが、続けざまにその社長は

「こんな程度のことも知らないんだ？」「バカでも知ってるよ」など、信じられない発言を続けました。もし冗談だとしてもこれは見過ごせません。派遣担当者もやんわりと社長に釘を刺しますが、まるで気づかない様子です。

(派遣社員なんて自分たちより下だよな)

そう思われるのはとても残念なことですが、思ってしまうこと自体を禁じることはできません。それでもそれを口にすることで、相手がどんな気持ちになるのか。想像力が働かないのは問題です。

企業にとって、その企業の正社員さんたちが大切な財産なように、派遣会社にとっても派遣社員さんたちは大切な財産です。

「あなたの会社の社員は、頭悪そうな人ばかりですね」

もし違う会社の人に自分の会社の社員をそんな風に言われたら、良い気持ちがする社長なんてひとりもいませんよね。とても常識がある人とは思えません。

結局その会社へスタッフさんを派遣するのはやめさせていただきました。そんな会社と知りながら、私たちの大事な社員を預けるわけがありません。

あたりまえのことですが、よそさまの社員を馬鹿にする企業より、私は私たちの派遣会社の派遣社員の方が百倍大切ですから。

ツッコミちゃんのひとこと

コンッ
他人を見下す人ほど実は仕事できないらしいよ

BONUS TRACK

ボーナストラック

ここまで、たくさんの“トンデモナイ”ケースをご紹介してきましたが、もちろん心温まるエピソードだってたくさん存在します。

お口直しに……とまでは言いませんが、せっかくなので印象深かった心温まるエピソードをご紹介しようと思います。

CASE 01

一緒に働きたい

製造工場の派遣先で働いていたトダさんは、ある日、自身の不注意から大きな労災事故を起こしてしまいます。その事故でトダさんは一生後遺症に悩まされるような大きなケガを負ってしまいました。

いくらトダさん自身の不注意とはいえ、生活にも支障があるような大事故になってしまったこと、そしてトダさんがこれまで真面目に一生懸命仕事を頑張ってきてくれたことを、工場の人たちは知っていました。

そんな理由もあって、申し訳ない気持ちになった企業は、

「トダさんの面倒は一生見る」

と、トダさんに申し出たのです。

自分の不注意から大きな事故を起こしてしまい、

（もうまともな仕事に就けないかもしれない）

（前のように体が自由に動かせない）

（これからどうやって生きていこう）

（それもこれもすべて、全部自分が悪いんだ）

そんな想いでどん底にいたトダさんは一瞬ためらいましたが、

「みんなトダさんとこれからも働きたいんです」

そう言ってくれたその企業の申し出を、ありがたく受けることにしたのです。

その後トダさんはその企業の正社員となり、今もその会社の社員として日々働いています。

ツッコミちゃんのひとこと

CASE 02

社長のぶん

マツモトさんは、家の近くのプレス工場に派遣で3年近く働いてから正社員として別の就職先が決まり、プレス工場を期間満了で円満退社しました。

社長はマツモトさんをとても気に入っていましたが、マツモトさんには「金融業界で働く」という夢があったので、やっと希望の就職先に内定が決まったマツモトさんを、惜しみながらも笑顔で送り出してくれたのでした。

マツモトさんが金融業界で働きはじめ、仕事にもすっかり慣れたある日、プレス工場の社長が倒れて仕事が回らなくなったと、マツモトさんにかつての同僚から連絡が入りました。

納期が近く、この仕事を回さないとプレス工場存続の危機だと聞いたマツモトさんは、すぐに会社に数日の休暇を申請しました。

翌日から、マツモトさんはほかの社員たちと不眠不休で仕事をし、倒れた社長のぶんの仕事をカバーして、なんとか無事納期に間に合わせることができました。

「社長にはお世話になったから……」

それだけがマツモトさんの原動力でした。

それからしばらくして社長は無事退院し、マツモトさんも無事、金融業界に復活しました。マツモトさんのその心意気に感動した社長は、マツモトさんを呼びつけて快気祝いとお礼も兼ねた盛大な食事会を開きました。

今思い出してもとても心が温まるエピソードです。社長とマツモトさんがこれまでいかに良好な関係を築いてきたのかがわかります。

ツッコミちゃんのひとこと

モノローグ

さて、ここまでたくさんの派遣スタッフや企業に潜む「トンデモ派遣ちゃん」たちをご紹介してきました。

今回この本でご紹介したのは、当たり前ですがほんの一部です。ご紹介しきれなかったエピソードもたくさんありますが、紹介させていただいたケースだけを見ても、本当にたくさんのトンデモ派遣社員のみなさん、実にさまざまなトンデモ企業の方々がいることが分かっていただけたと思います。

「派遣社員」と聞くと、「契約期間が終われば、スパッと次の職場へ」というイメージの人もいるかもしれません。

ですが派遣社員の中には、派遣期間が終了して何年も経った今でも、かつての派遣先の上司と飲みに行っている人もいますし、派遣スタッフから社員になって、新しい店舗の店長を任されている元・派遣社員もいます。

人との出会いは「縁」であり「運」です。派遣社員として働く少しの一定期間が、一生付き合うことになる出会いをもたらすこともあるのです。

良い派遣社員とは？

派遣先の企業はいつだって「良い派遣社員」を求めていますが、「良い派遣社員」とは一体、どんな条件を満たした人を言うのでしょうか？

わたしが思うに、良い派遣社員の条件は、

1. まじめであること
2. 素直であること

この2点がもっとも大切だと思っています。

スキルはもちろんあった方がいいですし、見た目がいい方が好感度も高いかもしれません。ですが、まじめであれば遅刻・欠勤や、ミスも少ないでしょう。さらに素直であれば人の意見に耳を傾け、仕事の問題も改善しやすいこと、そして人間関係もスムーズにいきやすいでしょう。働くうえで一番重要なのは職場の人間関係ともよく言われるので、この2つは人間関係を良くするために最も重要な条件と言ってもよいでしょう。

これらは仕事を探すうえでも重要です。派遣社員として働く人すべてが「どうすれば良い仕事に巡り合えるか」を考えていると思いますが、これはズバリです。

「派遣担当と仲良くなること」

派遣担当も人間ですから、このときにもやはり先ほど挙げた2つの条件「まじめであること」「素直であること」が役に立ちます。まじめな人にはより良い条件の仕事を探してあげたくなるし、素直な人はなんだか助けてあげたくなります。

これは派遣業界に限らずどこでも効力を発揮します。

「まじめであること」そして「素直であること」。——ぜひ、誰かと接するときに心がけたいものです。

良い派遣会社の見分け方

多彩な人種が揃うのは、派遣会社や派遣先企業だけではありません。派遣元にあたる私たちのような派遣会社自体にも、本当に多種多様な派遣会社が揃います。

派遣社員として働く人たちにとって、「仕事選び」は「派遣会社選び」でもあります。同じ企業で同じ仕事をしているのに、派遣会社によって時給や待遇が違うなんてことはよくあることですから、派遣会社選びはとても大切です。

ここで長年派遣会社を経営してきた私から、ここまでたくさんのエピソードを読んでくださったみなさんに、「良い派遣会社の見分け方」をコッソリお教えしたいと思います。

まずはこちらです。

1. 条件をしっかりと説明してくれる会社

派遣会社としても優秀な人材には一人でも多く入社してほしいのが本音です。ですから入社してもらうためには、良い条件をなるべくたくさん提示したくなるものです。

しかし中には、これから登録して働いてもらう人にとって時給や業務内容、休みやシフト、勤務時間などで「マイナス印象」と思われるかもしれない条件が含まれる仕事案件の場合があります。

条件が派遣社員さんが望んでいる条件と合わない場合などは、なかなか言い出しにくいものですが、あえて言いにくいことこそきちんと前もって言ってくれる派遣会社は、誠意があるので信用ができます。

2. 最低時給から最高時給までをきちんと提示してくれている

よく求人情報などで、時給がほかの記事と比べてもとびぬけて高く書かれている派遣会社には注意が必要です。時給は最低時給から最高時給までありますが、この最低時給を書かずに最高時給だけが書かれているという会社は注意した方が良いでしょう。

登録してその仕事に就くということになったとき、いざ提示された時給が求人情報に書かれていた時給よりも大幅に下回っていたりして、おかしいと思って詳しく聞いてみると、働き始めの頃の時給はとんでもなく安かった！　……なんてことにもなりかねません。

3. 応募や面接の時に社員の態度や対応が良い会社

応募したときや、面接のときに態度が悪い会社はやめておいた方がいいでしょう。

もちろん、最初のころはとっても態度が良かったのに、後でいきなり豹変するという悪い会社も少なからずあります。

ですが最初に態度・対応が悪くて、後から良くなる会社はほとんどありません。何より、派遣会社にとって大切な財産となる人材を、最初から粗末に扱うような会社はたかが知れているでしょう。

4. メールや電話の返事が早い

メールや電話の折り返しが早いのも、良い派遣会社の条件です。メールや電話の返事が早い会社は、時間の大切さを理解している会社です。

例えばすぐに回答が出ないような内容だったとしても、「いついつまでに答えが出ます」という返事をひとつもらっただけで、待つ方は要らない心配が減り、それまでの時間も有効に使うことができます。レスポンスが遅い会社は、

（なんで返事をくれないんだろう）

（もしかしてメール届いてないのかな）

（それとも何か気分を害するようなことを言ったかしら）

（ひょっとして返事を頂いているのにこちらのメールや電話が悪いのかな）

（まだかなまだかな）

（一体いつになったら返事くれるんだろう……）

など、さまざまないらない心配事が増えていきます。そのあいだ何も手がつかなくなることもあるかもしれません。そうするとたくさんの時間が無駄になってしまいます。もしトラブルが起きたときの返事待ちだったら、ひょっとしてその間に何か打てる手があったかもしれません。

このように返事が遅い派遣会社は、総じて良くないと思っておいた方がいいでしょう。

さて、いかがだったでしょうか。

〝トンデモ派遣ちゃん〟たちにはいくつかの共通点のようなものがあります。例を挙げると「妙なプライドが高い」「想像力がない」などですが、そのせいでマウントを取るようなことをしたり無理難題で誰かを困らせたり、最初は小さかったトラブルが、大きなもめ事に発展したりしてしまいます。

もし、トラブルが起きてしまったときにわたしたち派遣会社が行う対策としては、まずは「**感情的になる状況から離れること**」。小さなもめ事も、感情が入った途端に大きくこじれてゆきます。そのため、別の人間から説明してもらったり、問題のある人同士を違う部署に変えてもらうなどの方法が取れる場合には、まず「ちょっと時間を置く」「距離を置く」といった手段を取ります。人間関係には、この「距離感」が大切になってきます。

よくお店などで「おれはお客なんだぞ！　お客様は神様だぞ!!」なんて、偉そうにするお客さんがいますが、このとき、お店の人とお客さんの関係は「50／50（フィフティ・フィフティ）」であるべきです。

お客さん「商品を用意して売ってくれてありがとう」

お店の人「お店を訪れて商品を買ってくれてありがとう」

このお互いの距離感が大切です。

この「お客様意識」と同じように、派遣会社、派遣社員、派遣先企業もお互いに少しの距離を置いて感謝し合えれば、人間関係はとてもスムーズに行くはずなのです。

派遣元会社　「派遣社員さん、働いてくれてありがとう。派遣先会社さん、ご依頼ありがとう」

派遣先会社　「派遣元会社さん、人材を紹介してくれてありがとう。派遣社員さん、働いてくれてありがとう」

派遣社員　「派遣元会社さん、仕事を紹介してくれてありがとう。派遣先会社さんお仕事をありがとう」

たったこれだけを全員が意識するだけで、人間関係のトラブルは激減するはずです。

今や日本全国に派遣社員という働き方を選んでいる人たちは、140万人ほどと言われています。（総務省統計局『労働力調査 2021』08・10・2021）

派遣会社の数はなんと3万8000社以上と言われていて、日本にとって「派遣」という仕事の形態は、もはやなくてはならないものとなっています。

派遣社員として働く理由は「自分に合った会社に出会うため」「趣味に没頭するため」

「親密な人間関係が苦手」「働きたい会社の正社員にステップアップするため」「スキルアップのため」……など、さまざまです。色々な考え方がありますから、それぞれの考えに合った選択肢が増えるというのはとても良いことです。

その多種多様な働き方を、より気持ちよく過ごせることが出来たなら、これほど良いことはありません。そのためにも、わたしたちは新たな〝トンデモ派遣ちゃん〟たちと出会い続けながら、それ以上に素晴らしい派遣社員さんや企業さんたちとの架け橋になれるよう、日々奮闘してゆきます。

あとがき

私は幼いころから父に「将来は人のためになる仕事をしろ」と教えられて育ってきました。将来は何をしようかと考える年頃になると、思い出すのは父のその言葉でした。その中で一番最初に思いついたのは「経営者になって誰かのためになるような会社を作ろう！」ということでした。

もちろん誰かが経営する会社に勤めて働くことでも人のためになるとは思っていましたが、より多くの人のためになるには、自分が先頭に立って企業を経営するしかない――そう強く思うようになりました。

それからは経営者として成長するため、さまざまな経験を積もうと必死でした。リサイクル事業、中古車の輸出、雑貨の輸入など、本当にたくさんの業種の経営にチャレンジしてきました。

もちろんチャレンジした業種の全てが成功してきたわけではありません。むしろ失敗の方が多かったくらいです。売掛金が回収できずに取引先が倒産してしまったこともありますし、また違う事業ではお金を持ち逃げされたり詐欺にあったりと、次々に訪れる困難に社会の厳しさを痛感しました。

そんな紆余曲折がありながらも細々と今とは別の会社を経営をしていた2012年ごろ、人材派遣会社に勤めている知人と世間話をする機会がありました。そこで知人と話をするうちに、人材派遣会社の実態を少しだけ知りました。これまでの事業でも人材を束ねたり教育したりということはありましたから、人材派遣業という世界についての話はとても興味深かったのを覚えています。

そのとき私の頭の中に浮かんだのは、「**派遣事業というものは、今までの私が手掛けてきた事業よりも、はるかに社会的な意義がある仕事なのではないか？**」ということでした。そのたったひとつのきっかけが、私に自分で派遣会社を運営する決心をさせたのです。すぐさま私は派遣会社を経営するために必要なことを調べ、許認可取得のために必要な数々の要件をクリアすべく、準備し始めました。そうしてこの派遣会社が誕生したのです。

派遣会社を始めた当初は、とにかく事業を大きくすることが、社員や取引先、派遣スタッフ、ひいては地域社会のためになると思っていたので、つねに「どうすれば事業が大きくなるか」ということに重点を置いてがむしゃらに突き進んでいました。しかし会社が発展するにつれて、派遣業界全体に漂う「人材・仕事を紹介するまでが派遣会社の仕事」といったドライな風習に疑問を抱くようになりました。派遣会社であるからには

・取引先に人材を供給するために派遣スタッフを紹介する
・派遣スタッフに仕事を紹介するために全力を注ぐ

仕事や目的は、もちろん何も間違っていません。ですが「紹介すること」に集中するあまり、「その後」が手薄になっているように思えました。

派遣業はマッチングビジネスだと私は思っています。派遣会社を経営する中で一番強く感じるのは、人と人との繋がりです。この繋がりがうまくマッチすれば、派

遣社員と取引先企業から感謝される。同時にそれが地域社会への貢献に繋がったりします。ただ一度の成果で双方から感謝されるというのは、なかなか他の職種では味わえないこの仕事ならではの醍醐味です。しかし「良い人が見つかった」「良い仕事が見つかった」など、取引先企業や派遣社員の感謝や喜びが瞬間的なものであるように、マッチングが成功したときの派遣業に携わる私たちの喜びや快感もまた、ほとんどが瞬間的なものです。

これは派遣業をしていればほとんどの人が得られる快感で、多くの派遣会社がこの段階の成果で満足してしまっていました。そこで私が思ったのは「**派遣社員たちや取引先企業の方々が感じる『喜び』や『感謝』を、持続させられないだろうか**」、そして「**私たち派遣業の人間が『楽しさ』や『やりがい』を、感じ続けられるようにはならないだろうか**」ということでした。

2015年、そんな想いを抱く中で派遣法が改正されました。派遣労働者事業が許可制に一本化されたことで小規模の派遣会社がふるい落とされ、中規模以上の派遣会社が残りました。それにより、派遣労働者の雇用の安定、待遇の改善が進み、かつて「安価な労働力」や「使い捨てできる労働力」と言われていた派遣社員の風向きは少しずつ変わってきています。

国は「非正規雇用を無くそう」という方向で進んでいますが、現代社会の雇用主や労働力を必要とする人たちのニーズを探っていくと、「非正規雇用」の需要は一定数残り続けるだろうと私は思っています。

それと同時に定年までひとつの会社に勤め続ける「生涯雇用」という日本特有の風習はどんどん薄れていきます。今後はフリーランスや副業といった多種多様な働き方が浸透していき、一人ひとりがひとつの会社にしがみつくという状態から、〝自分個人の力で働く〟という時代に進んでいくと思います。そうなれば、「正規雇用／非正規雇用」の間にある壁は今よりはるかに薄くなり、「正規雇用」にこだわる必要性はなくなっていくのではないでしょうか。

人生の中で「睡眠時間」は3割と言われています。「仕事」もまた、睡眠時間と同等の3割を占めると言われています。結構な割合です。この人生において重要な「仕事」――しかもたくさんの人の「仕事」に携われるというのは、とてもやりがいがあります。特に私が運営する「人材派遣会社」というのは〝労働〟〝雇用〟というものに、どの業界よりも近い存在です。だからこそ、〝労働〟〝雇用〟といった社会問題に対し、これからも第一線で向き合いながら、さまざまな情報を発信していく立場にあるのだと強く思っています。その情報発信の第一弾として、今回、この本を出版しようと思い立ちました。

内容に関しては、まずひとりでもたくさんの人に手に取ってもらい、少しでも派遣会社という存在を知ってもらう意味も込めて、私たち人材派遣会社で起きた実体験を基に、面白おかしく書かせていただきました。勤める者しか知らないような、人材派遣業の外の人にはビックリなレアなケースばかりを選り抜いて「トンデモ社員」「トンデモ企業」と称して色々な事例を紹介させていただきましたが、実際は冒頭でも説明した通り、ほとんどの派遣社員さんや取引先企業様は、とても一生懸命で誠実な方たちばかりです。

現在、日本には本当にたくさんの派遣会社が存在しますが、まだまだ、派遣会社に対してプラスイメージよりはマイナスイメージの方が強いように感じています。

多くの派遣会社を見る中で、私にはほとんどの派遣会社が会社と派遣スタッフとの距離が離れているように思えます。もちろん派遣スタッフの勤務先は派遣先企業であり、会社内で一緒に働くわけではないので、一般的な会社に比べ雇用主と社員との距離が離れてしまうのは仕方ないのかもしれません。ですがそんな業界全体のドライな印象を、少しずつでも変えてゆければと思っています。

近い未来、私が営む派遣会社を「日本一、派遣スタッフに寄り添う会社」にする覚悟で、これまでも、これからも、日々奮闘してゆきます。

久保田　長成（くぼた ながのり）

1982年6月30日生まれ
愛知県岡崎市出身
中学校卒業後、現場仕事で働くも、独立願望が強く1年で退社。その後自身で、飲食業、リサイクル業、輸出業で起業し経営の経験値を積む。
2013年、31歳のときに製造、物流業界に特化した人材派遣会社「株式会社ワークナビ」を設立。現在は東海エリアを中心に5店舗を展開しグループ年商は30億規模。

トンデモ派遣ちゃん はちゃめちゃグランプリ

2021年11月24日　初版発行
著　者　　久保田長成
発行人　　大西強司
編　集　　とりい書房
執筆協力　北村礼桂
デザイン　野川育美
カバーデザイン　井出敬子
印　刷　　音羽印刷株式会社

発行元　　とりい書房
〒164-0013　東京都中野区弥生町2-13-9
TEL 03-5351-5990　FAX 03-5351-5991

乱丁・落丁本等がありましたらお取り替えいたします。

ISBN978-4-86334-132-6